基于课程标准的
教学方案设计

邵朝友 张斌 ◎ 著

清华大学出版社
北京

内 容 简 介

随着《中国学生发展核心素养》和普通高中各门学科课程标准的公布，我国在实质上正式进入"核心素养教育时代"。要落实学生核心素养、学科核心素养，势必要开展基于课程标准的教学，而开展基于课程标准的教学，首先需要进行教学方案设计。

本书以逆向设计为线索，论述了三种适于中小学教师教学的专业方案，即学期课程纲要、单元教学方案、课时教案。这三种方案对教师的专业实践是根本而重要的，其中：学期课程纲要部分探讨了历史发展，进而从本土的视角提出整合发展路径；单元教学方案部分则引入大观念/大概念，提出了研制的基本框架与技术；课时教案部分指出了学习可视化的价值，为撰写可视化教案提供了必要的知识基础。同时，这三个层面的教学方案都包含了能够启发人们深思的案例。

本书对我国素养教育教学研究具有一定参考价值，也为广大中小学教师及各级教育管理人员、教研员、教育工作者及师范生提供了教育教学所需的实践指导。

本书封面贴有清华大学出版社防伪标签，无标签者不得销售。
版权所有，侵权必究。举报：010-62782989，beiqinquan@tup.tsinghua.edu.cn。

图书在版编目（CIP）数据

基于课程标准的教学方案设计 / 邵朝友，张斌著. —北京：清华大学出版社，2021.10（2022.1重印）
ISBN 978-7-302-59196-2

Ⅰ. ①基… Ⅱ. ①邵… ②张… Ⅲ. ①教案（教育）－教学设计－中小学 Ⅳ. ①G632.41

中国版本图书馆 CIP 数据核字（2021）第 187898 号

责任编辑：杜春杰
封面设计：刘　超
版式设计：文森时代
责任校对：马军令
责任印制：丛怀宇

出版发行：清华大学出版社
网　　址：http://www.tup.com.cn，http://www.wqbook.com
地　　址：北京清华大学学研大厦 A 座
邮　　编：100084
社 总 机：010-62770175
邮　　购：010-62786544
投稿与读者服务：010-62776969，c-service@tup.tsinghua.edu.cn
质量反馈：010-62772015，zhiliang@tup.tsinghua.edu.cn

印 装 者：三河市金元印装有限公司
经　　销：全国新华书店
开　　本：185mm×260mm
印　　张：9.75
字　　数：246 千字
版　　次：2021 年 10 月第 1 版
印　　次：2022 年 1 月第 2 次印刷
定　　价：49.00 元

产品编号：091063-01

前　言

教育事关国家发展，基础教育在其中担负着重要的任务，为孩子一生的发展奠定基础。在义务教育阶段，中小学教师需要把国家的意志转化为专业行为，为孩子的自由和幸福点亮明灯。要完成如此使命，中小学教师的专业发展不容忽视。那么，中小学教师要发展什么样的知识和技能呢？客观地说，教师专业发展涉及诸多方面，本书聚焦于教师专业发展中的教学方案设计，确切地说，聚焦于我国新课程改革的背景下，基于课程标准的教学方案设计。

本书之所以聚焦该主题，主要基于对以下三方面的考虑：一是课程标准乃底线要求，基于课程标准的教育乃大势所趋。我国自2001年开始进行基础教育第八轮课程改革，至今已有20载。作为课程改革的重要成果，课程标准乃标志性文本。它规定学生最基本的阶段性学习结果，实为学校课程制定与教学的"准绳"。二是基于课程标准的教学需要理论与技术的支撑，需要实践案例作为参考。就我们平时的观察而言，当前，有相当多的教师在教学时还是重在教材，对于课程标准缺乏应有的关注。即便是那些关注课程标准的教师，在教学中遇到困难与疑惑时也缺乏一定的知识基础，尤其缺乏扎根于课堂的知识和技能。三是基于课程标准的教学需要与时俱进，教学方案设计需要专业化。历经多年社会发展，课程标准也紧跟形势需要，处于不断更新与发展之中。当前，我国教育进入核心素养教育的时代，新时代对教师提出了新挑战，教师需要新的知识结构。在这样的背景下，如何深度执行课程标准？或者说课程标准的执行力具体体现于什么地方？对此，不同的人也许有不同的答案，但基于课程标准的教学是其中的关键。正是基于这样的考虑，我们拟从教师专业实践最为日常的教学方案设计入手，意图为教师教学提供支持与框架。

本书由四章组成，第一章乃关于教学方案设计的基础——逆向设计，它为基于课程标准的教学提供了指导，向读者阐述逆向设计是什么、为什么要逆向设计、如何逆向设计，指明了其涉及的建构主义学习理论，重点呈现了目标、评价、教学三者之间的一致与匹配。这些正是学期层面课程纲要、单元层面教学方案、课时层面教案所需要的知识基础。

在第一章的基础上，其余各章除了在总体上呈现必要的理论、框架、工具与案例外，都融入当今教育的最新发展成果。例如，第一章强调逆向设计，第二章重点突出素养取向的理念，第三章凸显大观念导向，第四章强调可视化学习。

具体来说，第二章主要围绕课程纲要展开。首先考查课程纲要的历史，论述课程纲要对于学校课程教学的重大意义，剖析其不同发展阶段及受到的限制，提出走向整合路径是素养教育时代课程纲要发展的必然趋势。其次通过"问与答"进一步梳理课程纲要的知识基础，进而详细地展现一份学科课程纲要与一份超学科课程纲要的研制历程。第三章在对国内近十年单元设计进行评述后，提出用大观念来进行单元设计的设想与实践，"问与答"

丰富了理论基础,在两者的基础上呈现三份案例开发的思考。第四章是对前面三章的自然延续,主要从可视化学习角度探讨教案的研制。可视化学习概念与"教案问与答"为这一章提供一定的理论基础,相关的教案设计及其翔实的教学目标与评价设计对于教师极有参考价值,而这一章最后部分论述教案中核心学习任务的研制,它可视为体现目标—教学或学习—评价一致性的最小"细胞"。在附录部分,提供两位作者多年来与实验合作学校共同开发的作品。

学期课程纲要、单元教学方案、课时教案虽处于不同层级,但它们实则相互关联与制约。例如,没有单元层面的思考,教案设计就宛如一叶障目;反之,没有有效的教案,再好的单元教学方案也将形同虚设。与此同时,本书各章的关键词——"素养取向""大观念""可视化学习"并非截然分开的,它们都服务于促进学生素养的发展,一些视角或方法是可以通用的。例如,第三章围绕大观念来研制单元教学方案,虽然第二章课程纲要内容中没有明确、详细地论述大观念,但事实上,在该章从整合路径探讨课程纲要的发展时,如果就目标整合角度来看,通过大观念来研制课程纲要已呼之欲出。同样地,可视化学习的思想也渗透于课程纲要与单元教学方案之中,没有可视化学习的实践运作,课程纲要与单元教学方案对于学生来说,学习效果将会大为降低。

目前,学界关于单元设计中出现的概念有着不同的术语表述,如用大观念或大概念称"Big Ideas"、用本质问题与主要问题或基本问题称"Essential Questions",本书对这些术语并不做明确的区分,它们在不同语境中各有优势。

本书研修内容要求教师进行独立思考,要求教师建立学习共同体以求合作发展,需要教师关注整体与局部、重视理论与实践。唯有如此,教师才有可能在"做中学"的过程中获得专业发展,提升课程标准执行力。教师拿到此书后,可自行阅读并实践其中的一些理论。考虑到书中有些内容对于教师来说较为陌生,建议采取集体研修的方式。研修可由教研组组长组织教研组集体讨论为主,也可以聘请专家或专家教师指导,讨论时可灵活采用传统的现场讨论方式或利用微信、QQ等平台进行网络交流,研修的具体操作可视实际情况而定。

坦白地说,本书还存在不少问题。例如,尽管书中案例在整体上反映了相关教学方案研制主题的基本精神与思维方式,但如果能提供更多、更丰富的学科案例,那么对于不同学科教师的参考价值可能更大。又如,本书中的一些理论基础仍需深入探讨,尤其是可视化学习教案一章还缺乏更为系统深入的探讨内容。针对这些问题,我们希望将来能进一步夯实其理论基础,建设专门网站以提供各级各类不同学科的案例。如果条件允许,我们将更充分、更全面地开展理论研究,出版关于各门学科的案例集,甚至研发相关的教师培训手册。

本书系全国教育科学"十三五"规划 2019 年度国家一般课题"共同形成性评价的理论与技术研究"（BHA190153）成果,能够出版得益于诸多方面的关心与支持。温州大学、浙江工业大学教育科学与技术学院的"卓越教师培养计划"项目、清华大学出版社为本书的出版提供了很多的支持与帮助。书中所引用的一些著作、论文与案例也承蒙众多学者的垂爱与慷慨,研究生韩文杰、杨宇凡参与了本书的书稿校对工作。在此,对以上单位及个人一并表示由衷的感谢!我们唯有继续努力,写出更好的作品,才能不辜负大家的帮助与期望。

邵朝友　张　斌
2020 年 9 月 13 日

目 录

第一章 从逆向设计开始 ······1
第一节 理解逆向设计 ······1
一、逆向设计是什么 ······1
二、为什么逆向设计 ······3
三、如何逆向设计 ······4
四、小结 ······5
第二节 从逆向设计理解基于课程标准的教学 ······6
一、教学目标来自何处 ······6
二、怎么理解评价设计先于教学活动设计 ······8
三、如何进行教学活动设计 ······8

第二章 重在素养取向的 课程纲要 ······10
第一节 课程纲要的史与思 ······10
一、学期课程纲要的兴起 ······11
二、学期课程纲要的发展与挑战 ······12
三、推进学期课程纲要的发展：整合路径 ······15
四、基于课程整合的学期课程纲要：内容框架与基本特征 ······16
五、基于课程整合的学期课程纲要有何要求 ······19
第二节 课程纲要问与答 ······20
第三节 《小学数学（一上）》课程纲要的研制 ······23
一、学习背景 ······23
二、课程目标 ······24
三、课程内容 ······25
四、课程评价 ······26
五、课程实施 ······27
第四节 跨学科课程《爱的旅行》的构思 ······28
一、拟解决的问题 ······28
二、具体开发步骤 ······29

三、开发结果呈现 ··· 36
　　四、课程开发感悟 ··· 39

第三章　迈向大观念的单元教学方案 ··· 41

第一节　近十年单元设计的考察 ··· 41
　　一、研究设计 ··· 42
　　二、研究分析 ··· 43
　　三、讨论与建议 ··· 51
第二节　单元教学方案设计：大观念的视角 ······································· 52
　　一、何谓大观念 ··· 52
　　二、为何以大观念为抓手落实核心素养 ······································· 54
　　三、如何用大观念设计指向核心素养的教学方案 ······························· 56
第三节　单元教学方案问与答 ··· 60
第四节　《美丽的秋天》单元设计过程 ·· 68
　　一、案例开发背景 ··· 68
　　二、整体设计过程 ··· 69
　　三、审视设计过程 ··· 73
　　四、确定最终方案 ··· 74
第五节　《认识多边形》单元设计行动 ·· 77
　　一、确立主题单元 ··· 77
　　二、确定单元目标 ··· 78
　　三、设计单元评价 ··· 83
　　四、规划单元学习进程 ··· 83
第六节　《分数加减法》单元设计叙事：不仅仅是一波三折 ··························· 85

第四章　追求可视化学习教案 ··· 93

第一节　传统教案的审视与突破：走向可视化学习教案 ····························· 93
　　一、亟待革新的传统教案 ··· 93
　　二、可视化学习教案的提出 ··· 94
　　三、教案如何具体体现可视化学习 ··· 97
　　四、可视化学习教案的价值 ··· 99
第二节　教案问与答 ··· 99
第三节　教案《机械摆钟》的呈现 ··· 104
　　一、课标、教材与学情分析 ·· 105
　　二、教学目标 ·· 105
　　三、教学重、难点 ·· 105
　　四、教学准备 ·· 105
　　五、评价设计（包括表现性任务及其评分规则） ······························ 106

  六、教学过程……………………………………………………………………106
 第四节 教案《图形的密铺》及其目标与评价设计历程……………………107
  一、学习目标………………………………………………………………107
  二、评价设计………………………………………………………………108
  三、教学活动设计…………………………………………………………108
  四、附件 1:《图形的密铺》目标研制过程………………………………110
  五、附件 2：评价任务设计过程……………………………………………113
 第五节 教案中核心学习任务的创设……………………………………………116
  一、核心学习任务的提出…………………………………………………116
  二、核心学习任务的设计…………………………………………………117

参考文献……………………………………………………………………………119

附录 合作学校案例集锦…………………………………………………………121
 案例一 "小学数学（二上）"课程纲要………………………………………121
 案例二 "玩转数学（一）"课程纲要…………………………………………125
 案例三 "玩转数学（二）"课程纲要…………………………………………129
 案例四 "运算定律"单元教学方案……………………………………………135
 案例五 "A Visit to Shanghai"单元教学方案……………………………………137
 案例六 "万以内数的认识"单元教学方案……………………………………140
 案例七 "将相和"教案……………………………………………………………142
 案例八 "金属的化学性质"第二课时教案……………………………………146

第一章 从逆向设计开始

学习目标

- ☑ 理解逆向设计是何、为何、如何；
- ☑ 理解逆向设计各要素之间的一致性；
- ☑ 理解基于课程标准的教学基本要求；
- ☑ 应用逆向设计思想评价教育实践。

第一节 理解逆向设计

逆向设计（Back-down Design）是一种课程设计思路，盛行于当今北美大陆。美国教育学者格兰特·威金斯与杰伊·麦克泰（G. Wiggins & J. McTighe）是逆向设计的集大成者，其作品《重理解的课程设计》①（*Understanding by Design*）得到广泛的认可与应用。该书开篇即说，逆向设计对于教学设计具有重大价值，能为教学提供全面而丰富的理论与实践框架。②那么，逆向设计是什么？为什么逆向设计？如何逆向设计？

一、逆向设计是什么

在中文语境下，设计意为"在正式做某项工作之前，根据一定的目的要求，预先制定

---

① 也有版本译作《理解力培养与课程设计》《追求理解的教学设计》，本书作者引用的是《重理解的课程设计》这一版本。——出版者注。
② WIGGINS G, MCTIGHE J. 重理解的课程设计[M]. 赖丽珍，译. 台北：心理出版社，2008：1-26.

方法、图样等"。①一般来说，可把设计理解为通过某种形式传达出计划、规划、设想的活动过程。在英文中，作为动词的设计（design）被释义为有目的地计划和实施②，其含义和中文的含义相近。

像其他领域一样，教育领域也需要设计，设计者必须关注服务对象——学生。确切地说，学生是教育服务的"顾客"。为达到特定课程教学目标，教师需要创造教学设计和教学经验；为判断课程教学目标是否可能实现，教师需要设计学习评价以"诊断"学生学习需要来引导教学，而教学方案就是体现这些最为基本的课程设计要求的设计结果，因此，教学目标可作为教学设计的开始。换言之，教学设计要先思考结果，而不是内容或方法。然而，不少教师还是从活动或内容开始设计课程，关注于教学输入，甚至为"活动"而"活动"，忘记了从期望的学习结果——教学输出开始设计课程。关注活动的教师较少考虑这些活动背后的意义，即便这些活动有趣、好玩，却并不能增进学生的知识或智慧。关注内容的教师经常按教科书的内容次序来"教教材"，而不知"用教材"。概言之，关注教学输入的教师往往喜欢把焦点放在教学而不是学习上，他们花费大量时间思考要做些什么、要使用什么教材、该要求学生做什么，而不是先思考学生需要什么才能达成学习目标。在某种程度上，由于这种活动本位或内容本位的教学设计没有聚焦于学习结果，没有体现"设计"的应有含义，更像是体现了某种模糊的"希望"，从而导致学生无法知晓努力方向，很难进入深层次的学习，这也常常导致教师无法掌控课程实施的结果。如果教师不能在课堂教学中把握学生的学习情况，而总是借助于课后练习或其他事后性行为来明确，那么每节课的质量将不能得以保障。

综上，教学设计思路需要改变从活动或内容开始的模式，转向从目标开始，即从学习结果来倒推的"逆向设计"。这种聚焦在期望的学习结果上的观点几乎一点也不激进，也一点都不新颖，泰勒（R.W.Tyler）早在六十多年前就简明地描述过逆向设计的逻辑：

教育目标成为标准，藉此标准，我们选择教材、组织课程内容、发展教学秩序，以及准备测验与评价……陈述目标的目的在于指明，我们应该使学生发生什么样的改变，以利于教学活动的设计和发展在某种程度上有可能达到这些目标。③1945 年，波利亚（Polya）在名著《如何解决问题》中也提及，逆向设计的问题解决策略可以追溯至古希腊时代：转向的思考、远离目标的思考、逆向的思考……有某种心理上的难度。但是，我们不必成为天才才能以逆向方式解决具体问题：任何人都可以用常识来解决问题。我们专注在期望的目的上，想象自己想要的最佳情况，然后问自己：从在这之前的哪些情况我们可以达到目的？④

这种目标先行的想法在社会各个行业中极其普遍。例如，企业界知识管理领域非常流行"如果不能衡量就不能管理，如果不能描述就不能衡量"的说法，言下之意是要描述好知识管理，就必须首先明确知识管理的目标；而要衡量好知识管理，首先要提取衡量指标，

---

① 中国社会科学馆语言研究所词典编辑室. 现代汉语词典[M]. 6 版. 北京：商务印书馆，2014：1147.
② WIGGINS G，MCTIGHE J. 重理解的课程设计[M]. 赖丽珍，译. 台北：心理出版社，2008：1.
③ TYLER R W. Basic principles of curriculum and instruction[M]. Chicago：University of Chicago Press，1949：1，45.
④ POLYA G. How to solve it：a new aspect of mathematical method[M]. Princeton，NJ：Princeton University Press，1945：230.

这些指标就是预定的目标，或者说就是想要得到的结果。一般来说，知识管理的衡量包括衡量行为结果和衡量行为过程。衡量行为结果也就是考察是否达成想要的结果，衡量行为过程则是考察知识管理相关流程的执行情况。无论衡量结果还是过程，都必须有所参照。衡量行为结果就要求企业事先制定可行的具体目标，即明确想要得到的结果，并依此加以考察。衡量过程则要求企业提取过程中的一个目标，它是每个环节都要实现的一个结果，每个环节的进展都受某特定结果的驱动。当企业建立了一套清晰明确的、具有因果逻辑关系的目标体系，其实也就是告诉了员工需要达到的结果，这样企业的知识管理才能够在各个层级得到很好的贯彻落实，并且不断地向着预定的方向前进。

二、为什么逆向设计

逆向设计总是指向一定的课程目标，这种课程目标指向复杂高阶的学习目标。例如，在《重理解的课程设计》一书中，威金斯与麦克泰试图通过逆向设计来落实"理解"（Understanding）。这里的"理解"指的是期望的学习结果、学业成就目标或表现标准（Performance Standards）。这些术语关注于输出，而不是输入，它们提醒我们：就学习结果或表现而言，学生在离开学校前应该知道的、应该表现的、应该理解的知识和技能。

那么，何谓"理解"？与通俗意义上的认知动词"理解"不同，威金斯和麦克泰直接指出"理解"就是在情境中明智、有效地使用、迁移我们的知识和技能；将知识和技能有效地应用于真实的任务和情境。已经理解代表我们能够迁移所知，当我们理解时，我们会有流畅的表现，而不是单纯地根据回忆而僵硬、公式化地领会。①从习得过程看，这样的理解通常是费力得到的灼见；从应用的结果看，这样的理解是有意义的推论，具有可迁移的能力。具体来说，"理解"可分为以下六个层面②。

（1）说明：通过通则和原则，对于现象、事实、资料等做出可辩解的、系统的叙述；做出有灼见的联结，并提出阐明性的举例或例证。（2）诠释：讲述有意义的故事；提供适当的翻译；对概念或事件进行能揭示历史或个人层面的说明；使所理解的对象拟人化，或者可通过图像、轶事、类比、模式而使其易于说明。（3）应用：在多元、真实的情境中有效地利用及采用已知的知识和技能，即活用学科知识。（4）观点：能批判地看出、听出观点；能照顾全局。（5）同理心：在其他人可能觉得怪异、不合理之处发现价值；能根据之前的直接经验敏感地感知。（6）自我认识：表现反思的觉察力；觉知个人的风格、偏见、心理投射以及能同时塑造或阻碍个人理解的心智习性；觉察未能理解的事物；反思学习和经验的意义。

上述六个层面的理解涉及认知与元认知、动作、情意等目标领域，指向高阶的学习目标。一旦学生达成了理解目标，他们将会解决复杂的情境性问题。我国教师在应用逆向设计时，可以不套用这六个层次，而用自己熟悉的语言来制定复杂高阶的教学目标。

同样地，德雷克（S. M. Drake）的《创设基于标准的统整课程》也以逆向设计来规划课程。该课程注重学生知道什么（Know）、能做什么（Do）、成为什么（Be），强调复杂高

---

① WIGGINS G, MCTIGHE J. 重理解的课程设计[M]. 赖丽珍，译. 台北：心理出版社，2008：XXI.
② WIGGINS G, MCTIGHE J. 重理解的课程设计[M]. 赖丽珍，译. 台北：心理出版社，2008：90.

阶的课程目标，涉及大思想、大理解、大技能（Big Ideas，Big Understandings，Big Skills）。①这些课程目标是整合性目标，要求学生解决实际问题，开展团队合作。这些运作技巧完全可以用于学期或单元设计。

三、如何逆向设计

逆向设计不仅是一种思维方式，它还具有明确的操作路径。站在课程的角度看，教学设计终归涉及目标、内容、实施、评价，那么设计课程时，各个要素之间有着怎样的先后次序？按逆向设计的思路②，教学方案设计可按三个阶段进行（见图1.1）。具体而言，该流程始于学习目标，也就是说，我们应基于现场教学需要确定学生要学会什么；接着我们思考需要哪些证据来证明学生已经学会了；然后我们设法把各种学习内容和其他教学资源加以整合，设计出各种学习活动或教学活动。简而言之，逆向设计要求我们思考：期望到哪里去？怎么知道到了那里？如何更好地到那里？

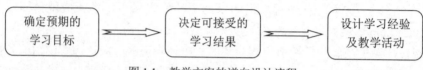

图1.1　教学方案的逆向设计流程

上述设计流程受目标驱动，目标一以贯之地渗透于各个环节。这其实并不神秘，想想中学的几何证明题就很容易明白。当我们不能顺利地从已知条件推理到所要证明的结论时，往往会尝试从结论倒推到已知条件。这里的结论就类似于目标，已知条件类似于为实现目标而开展的各种学习活动，推理过程则类似于设计过程。只有两处略显不同：一是几何证明题的逆向求证过程往往表现得比较结构化，而课程方案设计过程一般显得更为劣构化；二是几何题一旦被证明了，就意味着解谜活动的结束，至多回顾一下解题过程是否严密，而课程方案设计要求在设计学习活动之前先开展评价设计，以便了解目标是否能够落实。

为便于更好地理解上述流程，不妨先来观察一个由威金斯与麦克泰提供的应用逆向设计的课程方案范例。表1.1中三个阶段的内容具体地解释了图1.1三个阶段的内涵。

表1.1　逆向设计的范例③

阶段一：确定学习目标	
既有的学习目标（Established Goals）： 这项课程设计工作处理哪些相关的目标（如学科课程标准）？	
理解（Understandings）： 学生将会理解…… （1）哪些是大观念？ （2）期望学生理解的是哪些具体的大观念？	主要问题（Essential Questions）： 哪些有启发性的问题可以增进探究、理解、学习迁移？

---

① DRAKE S M Creating Standards-Based Integrated Curriculum: Aligning Curriculum, Content, Assessment, and Instruction[M]. Crowin Press，2007.
② WIGGINS G，MCTIGHE J. 重理解的课程设计[M]. 赖丽珍，译. 台北：心理出版社，2008：7.
③ WIGGINS G，MCTIGHE J. 重理解的课程设计[M]. 赖丽珍，译. 台北：心理出版社，2008：14.

续表

阶段一：确定学习目标	
学生将知道……（Students will know…）？ 通过本单元的学习，学生将知道哪些？能做什么？ ……	学生将能够……（Students will be able to…）

阶段二：设计评价活动	
表现性任务（Performance Tasks）： （1）学生将通过哪些真实的实做任务来表现期望的学习结果？ （2）理解能力的实际操作表现会以哪些标准来判断？	其他证据（Other Evidences）： （1）学生将通过哪些其他的证据（如随堂测验、正式测验、开放式问答题、观察报告、家庭作业、日志等）来表现期望达成的学习结果？ （2）学生将如何反思其学习及自我评价？

阶段三：制订学习计划
学习活动（Learning Activities）： 哪些学习活动和教学活动能使学生达到期望的学习结果？这项课程设计需要回答： W=如何帮助学生知道这个单元的方向和对学生的期望？如何帮助教师知道学生之前的知识和兴趣（Where）？ H=如何引起（Hook）所有学生的兴趣并加以维持（Hold）？ E=如何使学生做好准备（Equip），帮助他们体验（Experience）关键概念的学习并探索（Explore）问题？ R=如何提供机会，使学生重新思考（Rethink）及修正（Revise）他们的理解和学习？ E=如何促进学生评价（Evaluate）自己的学习及学习的含义？ T=如何依学习者的不同要求、兴趣、能力因材施教（Tailor）？ O=如何组织（Organize）教学活动，使学生的专注力和学习效能达到最大程度并得以维持？

注：引用时做了一定修改。

阶段一：确定学习目标。 我们需要了解教学目标，审视官方公布的课程标准，明确课程实施的期望，思考：什么是学生应该知道、理解、有能力做到的？什么样的学习内容值得被学生理解？我们期望学生掌握哪些大观念？这些问题的实质指向单元目标，即从既有的学习目标出发，从中获取学生必须理解的大观念，进而设置主要问题，让学生在问题探究中理解与应用这些大观念以及相关的应知所能。其中，理解与应用大观念乃单元目标的核心所在。作为单元教学方案的下位，课时教案的目标自然也要围绕大观念展开设计。

阶段二：设计评价活动。 该阶段要求我们回答：怎么知道学生理解了？其实质是要求我们先于教学或学习活动设计评价活动。考虑到学习目标指向"理解"类高阶学习结果，因此往往需要设计表现性任务或其他评价任务来收集评价学习效果的证据。

阶段三：制订学习计划。 该阶段要求从学习角度列出主要的学习活动，需要教师把握表1.1WHERETO所对应的各个问题。这份表格简洁地呈现了单元设计方法，其功能是指引课程设计。该表格填完后，可用于自我评价、同伴评价以及与他人分享单元课程设计方案。

需要指出的是，本章对于大观念、主要问题等并没有充分展开论述，它们的相关内容可参考本书第三章。本章重在让老师建立起对于逆向设计的总体概念框架，对于大观念、大问题暂时有一定的理解就可以了。

四、小结

一般来说，采取什么教学设计思路要取决于学习理论，后者是前者的设计依据。逆向设计直接体现当今建构主义的要旨，强调学习的作用。

在学习目标上，逆向设计以大观念来凸显统整性目标。大观念超越了零碎的知识，是一种高阶的统整性知识，可促进学习迁移的发生。要掌握大观念，需要学生联结新旧知识，在学习深度上获取高阶知识，进而灵活地把它们应用于各种具体情境中。这直接体现了建构主义的诉求，即在解决劣构问题时，不能简单地套用原来的解决方案，而需要在原有经验的基础上重新做具体分析，运用高阶知识建构新的理解方式和解决方案。而且，为了掌握大观念，学习者往往要与学习共同体成员进行对话，这也直接体现了建构主义的内涵，即学生既要形成并捍卫自己的观点，还要尊重他人观点并与他人协商合作，共同建构意义。

在学习计划上，逆向设计的学习活动设计部分 WHERETO 就注重激发学生的学习兴趣，重视学生自我评价与反思、同伴评价与反馈，需要学生进行科学探究，注重小组合作与情境设计，强调小组之间的沟通与论证。这些基于问题解决的学习活动能让学生感到兴奋，并且所受约束程度最小。因为在此过程中，学生们互相帮助，教师充当学习促进者和合作学习者。

在评价设计上，逆向设计的表现性评价强调学习的统整性、评价的情境性，充分重视学生实际操作和表现的能力素养。表 1.1 中的表现性任务和其他证据还包含了两种评价目的，即促进学习的评价与对学习的评价，两者之间的平衡非常重要。同时，这些评价联结学习活动，使得学习与评价相嵌，要求教师思考大问题及其相关学习活动，然后穿插相关评价活动，甚至把学习活动本身设计为评价活动。

第二节　从逆向设计理解基于课程标准的教学

在 2001 年，我国进行基础教育第八轮课程改革时，作为这次改革最为重要的文本，课程标准体现了我国教育发展的愿景，为实现教育公平提供了底线要求，"基于课程标准的教学"已成为广大学校与教师的日常用语。基于课程标准的教学包括基于课程标准设计教学方案、实施基于课程标准的教学方案、评价基于课程标准的教学方案的实施，本书主要指向基于课程标准设计教学方案。从实际情况看，我国基于课程标准的教学的现状并不乐观，这涉及诸多原因，但重中之重是学校与教师对基于课程标准的教学的理解，尤其是对在操作层面如何设计基于课程标准的教学的理解。就此，本节将从逆向设计角度来探讨基于课程标准的教学。具体地说，本节主要回答三个问题：教学目标来自何处？怎么理解评价设计先于教学活动设计？如何进行教学活动设计？

一、教学目标来自何处

从历史的角度来看，我国的课程实施或教学主要有三种类型：一是基于教师经验的课程实施，二是基于教科书的课程实施，三是基于课程标准的课程实施（教学）[1]。之所以要

---

[1] 崔允漷. 课程实施的新取向：基于标准的教学[J]. 教育研究, 2009（1）：74-79.

用课程标准代替教师经验和教科书，那是因为后两者只关注了"教什么""怎么教"，而前者还关注了"为什么教""教到什么程度"，使得教育更具专业性和灵活性。

课程标准是种底线要求，它反映了国家对学生学习结果的统一规定，阐述了学生应达到的能力素养和思想品德标准。这种底线要求对于不同的地区、学校、教室是统一的，但在底线基础上，不同地区、学校、教室又可以灵活地加以变化。作为国家强制性法律文本，课程标准无疑为基于课程标准的教学提供了制定教学目标的依据。有了课程标准之后，教学的目标来源于课程标准，教学的主题、内容以及活动都是由教学所要达成的目标决定的。教师需要深刻理解课程标准，把握对学生的总体期望，将课程标准具体化为教学目标，并据此来确定教学内容，选择教学活动方式。

从课程标准到教学目标，中间可发生多次转化，比较常见的路径为：课程标准——学年/学期目标——单元目标——课时目标。因此，要确定教学目标，教师首先要正确解读课程标准，否则，教学目标就可能偏离课程标准，使得教学无效。在这种情况下，传统上占据主导地位的教科书不再是唯一的依据，而是一种支持教学的参考资源。由于受传统影响，目前还有不少教师把教科书作为确定教学目标的主要依据，这实际上是没有看到，目前在基于课程标准的教改背景下，课程标准才是教学目标之依据，也是最为关键的依据。由于课程标准中包含了众多学习结果，如学科核心素养、大观念的学习要求、知识与技能，因此教师就要依据教学层次确定相应的教学目标。如果跳出一门学科的限制，从学生全面发展的角度看，学生核心素养的落实需要通过各门学科来实现，而作为教育目标的学生核心素养则来自教育目的。如此一来，从教育目的到课堂目标将经历表1.2[①]中的转化过程。

表1.2 教育目的范围的层级关系

层级	陈述名称	制定者	特点	举例
一级（教育目的）	教育方针	政府/国家	抽象，笼统，比较关注"应该如何"	在德、智、体等方面都得到发展
二级（教育目标）	各类学校的培养目标	政府/国家	对教育目的的具体化	中国学生发展核心素养
三级（课程标准）	九年义务教育课程目标	学科专家	从"抽象"逐步过渡到"具体"	具备基本知识与能力，等等
	九年义务教育语文课程目标			具有独立阅读能力，注重情感体验，激发想象力和创造力，学会运用多种阅读方法等；或用学科素养来表述
	一至二年级语文课程目标（阅读领域课程）			结合上下文和生活实际了解课文中词句的意思，在阅读中积累词语
四级（教学目标）	学年（学期）目标或单元（主题）目标或课时目标	教师	比较具体，比较关注实际状态	《沁园春·雪》的学习目标：感情充沛地吟诵，当堂背诵，体会作者的豪情壮志

注：本表在资料基础上做适当改编而得。

[①] 钟启泉，崔允漷. 新课程的理念与创新——师范生读本[M]. 2版. 北京：高等教育出版社，2008：67-81，127-148.

自新中国成立以来，我国的教育发展经历了"双基"时代、"三维目标"时代，进入了现在的"核心素养"时代。在这样的背景下，基于课程标准的教学需要体现并落实课程标准提倡的素养要求。由此可见，无论学生核心素养还是学科核心素养，都需要基于课程标准的教学来实现，而这是以基于课程标准的教学方案设计为前提的。

二、怎么理解评价设计先于教学活动设计

在传统意义上，评价被视为外加于教学过程的，主要用来测试学生是否达到教学目标，并没有发挥对于教学的促进作用。但在逆向设计中，评价占据着更为重要的地位，发挥着更大的作用。这一方面在于，评价设计不仅用来评价教学目标是否落实，还有助于明确教学目标，教师在设计评价时可检验教学目标本身设计是否合理。另一方面在于，评价不仅需要发挥检测的功能，还需要发挥"诊断"的功能，即评价不仅是对学习的评价，还是促进学习的评价。评价证据必须是充分的，只有这样，教师和学生才能通过评价了解教与学的问题所在，并为采取改进行动提供可能。因此，评价需要全面地展开，不能局限于某次单元测试或期末测试，而应渗透于整个教学过程，还应包括日常的课前检测、课中观察、课后练习等，可以是正式的评价，也可以是非正式的评价。

由于评价设计需要基于教学目标，因此不同的教学目标需要不同的评价方法。例如，对于一些简单的知识技能，可以用传统的选择题或填空题、简答题来测试，但像问题解决、沟通合作等能力素养，则需要表现性评价或真实性评价任务来评估。随着我国当前素养教育时代的来临，教师应加大对高阶复杂能力素养评价的关注，加大对表现性或真实性评价的学习。实际上，从学生的角度来看，他们更愿意选择表现性评价，因为这样的评价类型能对他们提出挑战，激发他们的学习兴趣，进而产生深度学习。

评价设计先于教学活动设计并非先设计了评价再设计教学后就无须考虑评价与教学的关系，恰恰相反，基于课程标准的教学要求教师"像专家一样"整体地思考标准、教学与评价的一致性，并在自己的专业权力范围内做出正确的课程决定。其中，评价与教学是合一的、相互影响的，甚至要成为一体。确认了评价之后，教师也更加清晰后续的教学环节，当评价任务也是教学任务时，评价与教学高度一体化，使得教师和学生能实时地获得学生的学习情况，并为之采取及时的行动。遗憾的是，当前许多教师还缺乏评价促进教学的意识，还不能有效地整合评价与教学，还不能开发表现性任务和评分规则等评价工具。

三、如何进行教学活动设计

对于逆向设计来说，教学指向的目标乃基于课程标准，以落实高阶复杂的目标为取向。教学活动应能激发学生兴趣，促进学生自我建构，并发挥班级或社群对于学习的作用。在素养导向的教育中，教师需要把教学目标问题化，因为问题能引导学生参与学习。同时，问题还必须情境化、生活化，因为只有情境化的问题才可能指向能力素养，而只有生活化的问题，即那些发生在身边生活中的问题，对于学生才更具有意义。

考虑到教学目标的统整性，基于课程标准的教学活动通常需要设计大的统整性问题，

这是因为只有大的问题才能对应大的目标，只有整合的问题才能对应整合的目标。在一些学期或单元层面，这样的大问题往往会组成更大的问题群；在一些课时层面，这样的大问题往往会被分解为几个小的问题群，这是因为问题或问题群是学习的敲门砖，它们形成的问题网覆盖了整个教学过程，从而能推动问题驱动的探究学习。

除了要考虑与目标的关系，正如上文所述，教学活动还需要考虑与评价活动的整合。通过评价，可以明晰教学活动的合理性，进而调整教学活动过程，甚至改变教学目标。由此可见，教学活动是动态的，教学目标不仅可以预设，也可以生成。这些实际上都要求教师了解学生已有经验，与学生分享目标，思考如何因材施教、组织教学活动、给学生提供改正的机会。为达成这些目的，教师需要投入更多的时间与精力进行个体专业学习，也需要与他人形成专业学习共同体，以便持续而深层次地提升专业素养。

总之，在逆向设计中，基于课程标准的教学需要教师一致地思考目标、教学、评价，确保课程标准得以落实，让学生学得更好、更有效。从 2001 年至今，我国教育发生了很多变化，但基于课程标准的教学一直是重要方向。作为教师，需要深刻地认识到，实施基于课程标准的教学是国家课程政策的规定；实施基于课程标准的教学有利于保障基础教育教学质量；实施基于课程标准的教学有利于教师的专业发展；实施基于课程标准的教学有利于课程标准的修订和完善。[①]因此，对于教师来说，要在分析教材（教科书）、地方教参（学科教学指导意见）、地方考纲（考试要求）、近年的各级考试真题的基础上，结合学情和教学资源，积极设计基于课程标准的学期课程纲要、单元教学方案和课时教案。

[①] 朱伟强，崔允漷. 基于课程标准的教学：一种实践模型[J]. 江苏研究（小学版），2012（7-8）：6-11.

第二章 重在素养取向的课程纲要

学习目标

- ☑ 明确课程纲要的含义；
- ☑ 理解课程纲要各个要素之间的一致性；
- ☑ 理解素养取向的课程纲要的基本要求；
- ☑ 能撰写出一份素养取向的课程纲要。

第一节 课程纲要的史与思

课程方案是课程实施的蓝图，直接影响课程实施的效果，设计优质的课程方案乃教师的专业行动关键。学校一级的课程方案可分为三个层面：一是宏观层面的学校课程规划方案，二是中观层面的一门课程的学期课程纲要，三是微观层面的单元、主题或课时的教学方案。[①]对于教师而言，中观与微观层面的课程方案尤其重要，与他们的专业实践息息相关。相比之下，我国教师更为关注微观层面的课时教学方案，但较少关注其中的单元教学方案，更缺乏对中观层面的学期课程纲要的关注，这种不足严重导致了教师"只见树木不见森林"，缺乏大视野与大格局。近年来，人们逐渐在理论与实践层面都意识到学期课程纲要的重要性，纷纷开展相关研究。那么，这些研究到底发展到什么程度？又该如何进一步推动后续

---

① 张菊荣，周建国. 教了不等于学会了[M]. 上海：华东师范大学出版社，2018：序.

发展？对上述问题进行梳理与审视，探讨学期课程纲要研究的发展历程，明晰当前存在的问题以及可能的发展路径，有利于更好地推进我国课程教学的发展。

一、学期课程纲要的兴起

课程纲要一词大致对应英文 Syllabus，该词源于希腊语 syllibos，于 1656 年成为英语常用词汇，初指"内容目录"，后于 1889 年被定义为"讲授或教学大纲"。[①]从文献检索角度看，有关我国学期课程纲要的探讨较早出现于《课程纲要的撰写与呈现》一文。在该文中，学期课程纲要被视为以纲要的形式呈现某门课程的各种课程元素，主要是指教师依据课程标准或指南和相关教材撰写的某学期某门课程（包括校本课程）的纲要。[②]这里的课程元素包括目标、内容、实施与评价，它们使得课程纲要与教学进度表有所区别——前者完整地体现了课程元素——课程目标、课程内容、课程实施与课程评价，后者主要包括教学时间与内容安排，没有完整地体现课程的基本元素。

学期课程纲要就是对课程元素进行整体设计，这种整体设计使得课程纲要具备了多重功能：第一，学期课程纲要能帮助教师整体把握实施的课程目标与内容。这是因为教师必须明晰该学期课程的地位与价值，开展学情分析、教材分析或课程标准分析，由此才能确定课程目标，进而梳理教学内容、教学实施、教学评价之间的关系。第二，学期课程纲要能帮助教师审视满足课程实施的所有条件。这是因为课程实施涉及各种条件，如学生的知识基础、教学的实施器材，只有对此进行检视，才能明晰课程实施的可行性。第三，学期课程纲要能帮助学生明确所学课程的总体目标与内容框架。这是因为，一旦拥有学期课程纲要文本，学生就能清楚本学期的努力方向与总体课程教学情况。第四，学期课程纲要能帮助学校开展课程审议与管理。这是因为课程纲要涉及课程最基本的元素，学校完全可以把它作为专业考核的重要内容。具体操作时，教研组可以进行集体审议程序，这有助于避免课程管理的形式化和行政化。

学期课程纲要主要由两大部分构成：（1）一般项目，包括学校名称、课程类型、设计教师、日期、适用年级、课时、学校等常规信息；（2）课程元素，包括课程目标、课程内容、课程实施、课程评价（见表 2.1[③]）。早期的学期课程纲要撰写非常强调四个基本的课程元素，大多在呈现学情分析、教材分析或课程标准分析等开发背景后，对课程目标、课程内容、课程实施、课程评价加以描述。有时会把课程内容与课程实施整合在一起，毕竟教学方法和教学内容总是关联的。总体上，该阶段的课程纲要撰写缺乏明确的理论基础或者默认了四个课程元素以及它们之间的匹配关系，但这些知识基础并未得到必要的说明和阐述。

[①] PARKES J，HARRIS M B. The Purpose of Syllabus[J]. College Teaching，2002，50（2）：55-61.
[②] 邵朝友，余淑君，王莲君. 课程纲要的撰写与呈现[J]. 当代教育科学，2006（22）：9-11.
[③] 邵朝友，余淑君，王莲君. 课程纲要的撰写与呈现[J]. 当代教育科学，2006（22）：9-11.

表 2.1 小学数学五年级下学期《课程纲要》（节选）

课程名称	九年义务教育五年制数学第十册		设计者	王莲君	日期	2006/02
适用年级	五年级	总课时 77课时左右	课程类型	必修课程	学校	安吉路实验学校
学生、教材及其他资源分析	本学期是小学毕业的最后阶段，学习任务是比较重的。一方面，我们的学生比其他学校毕业班的学生小 1 岁，少读一年小学；另一方面，这学期的学习内容有"圆""百分数"……因此，知识点的落实到位和课堂教学的有效性就显得尤为重要……					
课程目标	（1）数与代数：理解百分数的意义，比较熟练地进行有关百分数的计算和应用；理解比和比例的意义和基本性质，会解比例和用比例知识解答应用题；会看比例尺，理解正反比例的意义，能判断两种量是成正或反比例；……					
课程内容	学习主题					
	实施内容			课时安排		
	圆的认识			7课时左右		
	……			……		
课程实施	（1）数与代数方面：通过解决实际问题，进一步培养数感，增强对运算意义的理解；重视口算，加强估算，鼓励算法多样化和优化；让学生经历从实际问题中抽象出数量关系…… ……					
课程评价	（1）学生数学学习过程的评价 …… （2）学生的基础知识和基本技能评价 ……					

二、学期课程纲要的发展与挑战

（一）学期课程纲要的发展

随着人们对学期课程纲要实践应用与理论认识的深入，学期课程纲要研究主要表现出如下四个方面的深化。

第一，学期课程纲要的发展体现在，研究者寻找理论基础，强调目标、教学、评价的一致性。虽然早期的学期课程纲要也强调课程元素之间的匹配，也隐藏着一致性的因素，但没有明确指出目标、教学、评价的一致性。在这一点上，崔允漷明确指出，课程元素之间的一致性是评议课程纲要质量的关键维度，具体要求为：关键目标在内容、实施与评价部分的落实情况；内容处理与实施设计是否有利于学生产生更好的表现；评价框架与目标的一致性。[1]后续研究大多把一致性作为学期课程纲要的关键知识基础。例如，胡警予在《小学语文学期课程纲要评价研究》中虽然借鉴了不少课程方案评估理论，但学期课程纲要的核心理论基础还是一致性，该文的一致性主要要求如表 2.2[2]所示。如果从课程发展角度看，一致性作为课程纲要的理论基础极为正常。因为在著名的泰勒（R.W.Tyler）原理中，四个

---

[1] 崔允漷，周文胜，周文叶. 基于标准的课程纲要与教案[M]. 上海：华东师范大学出版社，2014：3.
[2] 胡警予. 小学语文学期课程纲要评价研究[D]. 上海：华东师范大学，2016：51.

问题的实质就涉及课程的四个基本元素，已经规定了它们之间一致性的要求。①

表2.2　关于一致性要求的样例

前　　记	信息完整（特别是课程名称、课时、教材、执教者等）
目　　标	陈述规范：准确、清晰、可评价（用三维目标叙写）； 指向关键的学习结果（一般为4~6条）； 对后续对教材的处理、实施以及评价设计有统率作用
内　　容	周（总）课时符合上级课程政策的规定； 课时分配合理（包括第一课时本课程纲要分享与考试时间）； 教材内容处理（补充、删除、调整顺序后的难度）与目标匹配
实　　施	清晰地回应了本学期"教师怎么教、学生怎么学"的问题； 整合了课内外学习活动，也关注到了课业负担问题； 学习活动或任务的设计指向目标
评　　价	完整地呈现"评什么、怎么评、谁来评、如何报告"等相关评价政策； 合理分配过程评价与结果评价的比例； 过程评价的设计与相关目标匹配

第二，学期课程纲要的发展体现在，出现了不同类型的课程纲要，其表现形式逐渐多样化。实践中，学期课程纲要除包括必要的课程元素外，还可能包括背景信息（如学情分析）或者实施条件等，另外，课程四个元素中的课程内容与实施往往还可以整合为教学，同一内容的不同组合与呈现次序以及采用的教学模式差异（如采用逆向设计或非逆向设计）等，使得学期课程纲要呈现出各种各样的表现形式：（1）从课程类型看，有学科课程纲要、跨学科课程纲要、超学科课程纲要。（2）从课程核心构成元素的组合看，常见的几种不同的组合关系包括课程目标、课程内容、课程实施、课程评价，课程目标、课程内容与实施、课程评价。由于其中的课程评价往往包括总结性评价与过程性评价（或者只指总结性评价），课程实施可能整合教学实施与过程性教学评价或者只指教学实施，因此还会有更细的分支类型。（3）从课程元素之间的对应关系看，有具体对应的，如各个单元的目标对应着专门的内容、教学方法与评价；也有笼统对应的，如对应课程目标的是总体教学策略，但各单元教学内容并无对应的教学方法或评价。（4）从内容描述详细程度看，一些课时与内容较多的学期课程纲要往往比较笼统，一些课时与内容相对较少的课程纲要往往比较具体。（5）从语言风格看，学期课程纲要有教师版与学生版，学生版往往用学生语言来描述，尤其适于低年段学生。（6）从教学设计方法看，有些课程纲要应用了逆向设计，即先确定目标，然后设计评价，接着开展教学设计。例如，表 2.3②就采纳了逆向设计的学生版学期课程纲要。

表2.3　《爱的旅行》学期课程纲要（学生版，节选）

一、你要完成的目标

　　小朋友，祝贺你进入五年级了。这个学期，老师将和你一起学习《爱的旅行》。看到这个题目，你可能会问：我们为什么要感恩？感恩该怎样从身边做起？……

---

① 拉尔夫·泰勒. 课程与教学的基本原理[M]. 施良方，译. 北京：人民教育出版社，1994：2.
② 邵朝友. 指向核心素养的逆向设计[M]. 上海：华东师范大学出版社，2018：172-173.

续表

二、你的成绩认定
本学期我们会学习"爱家乡"和"爱班级"两大模块，每个模块都分为"爱的方案""爱的探索""爱的表达"三个单元。结合这些模块和单元，将从过程性评价（占总分的60%）和期末汇报评价（占总分的40%）……
三、你将参与的学习活动
小朋友，下面是你在本学期里将要学习的内容。这些内容……

第三，学期课程纲要的发展体现在，从文本质量角度探讨课程纲要的评估框架。面对实践中各种各样的课程纲要，人们自然会思考什么是高质量的课程纲要。针对这一问题，崔允漷进行了全面深入的探讨，提出如表2.4所示的评议框架[①]。

表2.4 学期课程纲要评议要点

维　　度	子　维　度	评　议　要　点
结构维度	1. 一般信息	提供的一般信息是完整的，至少包括题目、设计者、课程名称、课程类型、教材来源、适用年级、课时或学分
	2. 正文内容	包括背景、目标、内容、实施、评价、所需条件（如有必要）；具体呈现时，可以将内容与实施合并在一起陈述
	3. 整体印象	通过整合学科课程标准、教材、教参和学情，完整、清楚地说明一个学期或模块基于课程标准的专业教学活动方案设计，不能写成具体的教学参考
内容维度	4. 背景	说明该课程与前后内容的关系；相关学生已有知识与认知特点
	5. 目标	源于课程标准与学生研究；描述通过一定的课时学习之后关键结果的表现；告诉别人通过此内容的学习如何指向学科素养或关键能力；一般为4～6条，每条至多3句；按目标叙写规范，每条按三维度陈述；相类似的陈述方式如通过什么方式学习什么，理解或会做什么，提高或体会什么
	6. 内容	第一课时与学生分享此纲要；教材处理依据目标、学情、条件；依据目标合理安排课时，有利于提高新授课学习的有效性；课时数据包括复习、考试时间
	7. 实施	所选择的教与学的方法与目标匹配；创设有利于学习的情境；学习方式多样；以资源、活动、事件来陈述，体现学科化、本学期或模块化
	8. 评价	评价框架（评什么、怎么评、谁来评）的设计和结果解释与目标匹配；成绩结构及来源（过程与结果）清楚；过程评价体现对纸笔测验无法涉及的学科目标的关注；告知不及格的理由以及相关补修补考政策
	9. 一致性	关键目标在内容、实施和评价部分的落实情况；内容处理与实施涉及是否有利于学生产生更好的表现；评价框架与目标的一致性
	10. 所需条件	有特殊要求的课程须说清楚所需要的知识、资源等条件，这些条件要是必需的且是可得到的

在上述框架的基础上，胡警予和岑俐分别基于小学语文和小学校本课程做了较为深入的研究。例如，岑俐在《小学校本课程纲要质量评估研究》一文中提出了相应的评价

[①] 崔允漷，周文胜，周文叶. 基于标准的课程纲要与教案[M]. 上海：华东师范大学出版社，2014：3.

标准。①这些研究都结合具体学科或课程内容对学期课程纲要进行了个性化探讨。

第四，学期课程纲要的发展体现在结合素养取向的要求，课程纲要开始关注素养目标的落实。当今时代是个信息化时代，也是个知识爆炸的时代，在这样的时代，学生不仅要获得一些基础知识与技能，更重要的是要获得学习知识的能力，如学会学习、问题解决思维、团队合作。我国为顺应时代发展，近年来陆续出台了《中国学生发展核心素养》、高中各门学科课程标准（2017），其目的在于定位新的教育目标——培养具有关键能力与必备品格的学生。在这样的大背景下，作为课程重要文本，学期课程纲要"责无旁贷"地需要走向素养取向。

（二）学期课程纲要面临的挑战

学期课程纲要的发展带动了学校日常专业活动，然而学期课程纲要还存在不少深层次的问题：一是尽管学期课程纲要研究采纳了一致性课程理论，但没有明确地提出学习机制是如何建构的。众所周知，学习机制是研制学期课程纲要的理论基石，这具体反映在目标、评价和教学活动上。高阶与低价的目标对应着不同的评价与教学方法。在很大程度上，素养目标需要深度学习，而不是表层学习。二是伴随着我国进入素养教育时代，学期课程纲要如何落实素养类目标亟须理论回应。尽管当前实践中出现了一些体现素养取向的课程纲要，但这样的实践是零碎的，更重要的是它们并没有在学理上获得充分的论述。三是教育工作者对于课程本身的组织缺乏关注，仅仅把学期作为时间来考虑，未曾深入考虑如何设计内容紧密关联的、焦点明确的课程。实际上，这三个问题紧紧地缠绕在一起，因为缺乏对深度学习的关注很可能表现为学习目标的破碎化、学习的去情境化，学习目标的破碎化、学习的抽象化往往意味着表层学习，而学期内容的松散本身就没有体现深度学习，也缺乏对学习内容和学习目标的整合。

我们认为，课程整合是解决以上三个问题的可行办法。这是因为，素养实际上是运用多种本领解决情境问题，而课程统整意味着目标的整合、教学情境的统合、评价任务的综合，这些恰恰是培养学生素养的关键。在这些统整中，统整性的目标乃重中之重。统整性目标自然离不开课程，这提醒我们可从课程本身入手，考察课程所具有的特征以获得统整性目标。如果课程本身就极具整合性的目标，那么完全可以之作为学期课程纲要的目标。事实上，一些学科具有这种内在的统整性概念，如科学中的能量守恒、结构与功能，可以把理解与应用统整性概念作为统整性目标，进而以此来组织学习内容，引导教学与评价的整合。

三、推进学期课程纲要的发展：整合路径

课程教学总是与时代息息相关，学期课程纲要的发展势必要顺应当代教育诉求；在素养取向背景下，学期课程纲要需要满足素养取向的课程教学。客观上，解决这两个根本问

---

① 胡警予. 小学语文学期课程纲要评价研究[D]. 上海：华东师范大学，2016：51.

题是推进学期课程纲要发展的关键。

那么，学期课程纲要在哪些方面体现素养取向呢？作为课程统筹的体现，学期课程纲要往往需要考虑核心素养、学科核心素养、内容标准，以它们来统整课程目标，由此形成的课程目标不是零碎的，而是综合性的学习结果。对于教学活动和评价任务，由于要与目标保持一致性，它们也具有统整性、情境化的特征。以上所有都意味着课程纲要的素养特色，而学期课程纲要的素养取向也会影响其所构成的单元与课时教学方案。我们认为，课程统整是解决上述两个问题的可行办法。这是因为，素养实质是运用多种本领解决情境性问题，而课程统整意味着向大的方向走，即目标的整合、教学情境的统合、评价任务的综合，这些恰恰是培养学生素养的关键。在这些统整中，统整性的目标乃重中之重。[①]这种往大的方向走，实际上是课程整合。它可以是学科内整合，也可以是跨学科或超学科整合。

整合对于学期课程纲要具有多重意义，这可从四个方面加以解释：（1）借助整合，学期课程纲要能满足素养教育的需要。其原因在于，整合的目标是高阶、统整性素养，体现出核心素养的本质要求，能有效地组织起零碎化的知识与技能，能迁移至不同情境，有助于落实核心素养；问题解决是重要的教学方式，大问题和大评价架构起指向核心素养的教学。[②]（2）借助整合，学期课程纲要能体现一致性课程理论大要求。一致性是课程纲要的知识基础，统整性学习目标、相关评价设计、学习活动设计同样可以保持匹配。（3）借助整合，学期课程纲要能促进学生建构地学习。统整性目标具有整合性和迁移性，可帮助学生思考与解决新的问题。为落实这样的目标，需要设置相应的大问题，通过问题解决来促进学生理解大观念。除了问题情境外，统整性目标也需要相应的统整性评价任务，需要表现性任务的介入，它们能推动学生进行独立思考。（4）借助整合，学期课程纲要能被设计为连续聚焦的方案。其实质是，围绕统整性目标来组织内容、设计学习活动与评价，从而使得课程具有连续聚焦的特点。

四、基于课程整合的学期课程纲要：内容框架与基本特征

那么，基于课程整合的学期课程纲要由何构成？它又具有哪些特征？这是课程纲要发展新阶段必须明晰的基本问题。

（一）内容框架

基于课程整合的学期课程纲要具备普通学期课程纲要的结构，包含一般项目和课程元素。一般项目相对简单，关键在于如何通过课程整合把课程元素形成一个有机整体。课程元素包括课程目标、课程评价、课程内容与课程实施，或者说包括"要到哪里去""怎么知道到那里了""怎么到那里去"。虽然基于课程整合的学期课程纲要和一般课程纲要的核心构成并无区别，也需要考虑各课程元素之间的一致性，但对于具体有何部分构成、各

---

① 在第三章中，这种统整性目标就是大观念的学习要求。出于整本书的安排，本章暂时用统整性目标来描述大观念的学习要求，有关大观念的内容详见第三章。
② 邵朝友，崔允漷. 指向核心素养的教学方案设计：大观念的视角[J]. 全球教育展望，2017：11-19.

部分之间有何关系、各部分有何构成确实很难做统一的具体规定。我们认为，此处关键在于学期课程纲要如何体现课程整合的内在诉求，这需要重点考虑：（1）统整性目标驱动下的大问题及其情境化学习活动、评价活动；（2）体现目标、教学、评价的一致性；（3）对应于学期和单元层面，具有不同对应层面的大观念、大问题、大评价任务。这些内容是学期课程纲要的核心内容，也是体现一致性和建构学习的关键所在。

为便于说明，假设某学期由三个单元构成，每个单元层面只有一个统整性目标，学期层面只有一个大观念，图 2.1 呈现了一种可能的构成部分、各构成部分的组成、各构成部分之间的内在关系，其实质不仅是个内容框架，还是个分析框架。

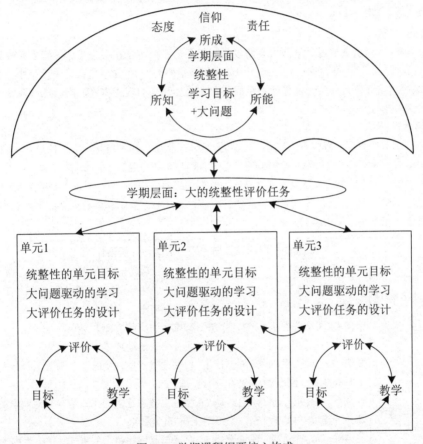

图 2.1　学期课程纲要核心构成

图 2.1 主要由三大部分组成。第一部分是学期层面的目标和大问题。前者即学期层面统整性学习目标，它包含了所知（Know）、所能（Do）、所成（Be），可以分开撰写，也可以合在一起呈现。后者可视为目标的问题化表达，乃为了实现探究学习而设计的，如果课程非常连续且焦点清晰，则尽可能地让其引领第三部分单元层面的大问题，进而形成问题群。第二部分是学期层面的评价设计，用大的统整性评价任务来判断学期层面统整性目标是否得以落实，有时考虑到评价效度，还会增加一些其他评价任务，如平时考核或期末考察考试。第三部分则是各单元设计，它们构成学期整体的教学活动设计。单元设计主要有：（1）单元层面统整性目标，它和更为具体的知识技能构成了单元目标；（2）单元层面的大问题所带动的学习活动；（3）单元层面的大的评价任务设计，考虑到评价效度，

它也需要平时单元教学中的过程性评价信息。如果足够理想，单元之间还具有紧密的内在逻辑关系，也就是说，学期的学习内容具有内在的逻辑关系。基于这样的设想，表 2.5[①]提供了一个相关案例予以说明。

表 2.5 《爱的旅行》学期课程纲要（教师版，节选）

一、课程目标构成

1. 相关的核心素养（略）
2. 课程目标

　　对自然、他人怀有感激之情；用一颗感恩的心为身边的人做出力所能及的事，与他人分享感恩体会。为理解与运用大观念"感恩意味心怀感激，乐意为他人做出奉献"，确定两个主要问题：（1）为什么要感恩？（2）感恩怎样从身边做起？

二、课程评价方案

　　为判断教学目标落实情况，从两大方面收集了相关信息：一是在课程实施过程中，收集教师评价、学生自我评价、学生同伴评价的信息（相关评价标准略）。二是在学生的期末汇报中，要求学生完成如下课程总结性评价任务：请你或小组同伴自主选择恰当的表达方式，展示综合探究的过程与成果，表达研究主题——爱与感恩。

三、课程活动设计

　　结合教学目标和班级实际情况，确立了"爱家乡""爱班级"两大单元。它们都包含三部分内容：爱的方案（确立主题与制定方案）、爱的探究（自主管理与合作探究）、爱的表达（展示成果与总结提升）。例如，"爱家乡"的学习要求是"表达对家乡临淄的感恩之心"，大问题为"如何表达对家乡临淄的感恩之情"，大的评价任务为"收集并整理各方材料，表达对家乡临淄的感恩之心"。下面为节选自主题"爱家乡"的活动设计内容。

	活动模块的目标与主题、活动与评价设计		
	目标	主题	活动与评价设计
爱的方案	通过多种渠道发现与"爱家乡"有关的问题，并通过小组讨论或个人思考确定研究主题（2课时）	确定研究主题 根据老师给出的三个问题，采取先个人思考后写出、小组内发表自己对家乡的了解和认识、小组代表发言、其他同学质疑并补充、教师点拨的方式，确定个人或小组的研究主题	学习活动1：思考以下三个问题，写出自己的认识。（1）你对家乡临淄有哪些了解？（2）你想了解家乡的哪些方面？（3）你计划通过什么活动或方式了解呢？ 评价设计1：教师通过观察，发现学生在学习中存在的问题并进行及时反馈。 学习活动2：学生汇报自己的思考内容，其他同学质疑、补充，小组确定研究的内容。 评价设计2：自评与互评相结合的方式。在小组内表达自己的认识，质疑或补充同学们的意见，共同确定研究问题
	略	制定活动方案（略）	略
爱的探究	略	略	略
爱的表达	略	略	略

　　在该案例中，学期层面的统整性目标为"对自然、他人怀有感激之情；用一颗感恩

[①] 邵朝友．指向核心素养的逆向设计[M]．上海：华东师范大学出版社，2018：165-166．

的心为身边的人做出力所能及的事，与他人分享感恩体会"。在此基础上，该案例设计了两个大问题：（1）为什么要感恩？（2）感恩怎样从身边做起？并为之设计了大的评价任务：请你或小组同伴自主选择恰当的表达方式，展示综合探究的过程与成果，表达研究主题——爱与感恩。该学期课程纲要包含两个单元主题："爱家乡"与"爱班级"。以"爱家乡"为例，单元层面的大统整性目标为"表达对家乡临淄的感恩之心"，单元层面的大问题为"如何表达对家乡临淄的感恩之情"，单元层面的大的评价任务为"收集并整理各方面的材料，表达对家乡临淄的感恩之心"。

（二）基本特征

第一，通过课程整合设计相互一致的课程元素。基于课程整合的学期课程纲要在学期和单元层面包括了统整性目标、大问题驱动的学习活动、大的评价任务，它们之间相互一致地形成一个有机整体。这种匹配不仅体现在横向上学期层面和单元层面各课程元素之间的匹配，还体现在纵向上同一课程元素之间的匹配，如学期统整性目标与单元统整性目标是一致的。

第二，不同层面都采纳逆向设计思路。图 2.1 实际上采纳了逆向设计，这是一种被广泛应用的、有效的课程设计方法，其核心特征之一是评价设计先于教学活动设计。在不同层面设计大的评价任务有助于进一步明晰统整性目标，有助于设计大问题驱动的学习活动。

第三，体现"少就是多"的课程思想。对于课程开发来说，其统整性目标不会很多，但它们浓缩了课程的基本思想和内容。或者说，统整性目标看似很少，但其实包含了诸多内涵。如果从迁移的角度看，一旦学生掌握了统整性目标，他们将用之于不同的情境之中，这意味着学生具备了某种高阶素养能力，而不仅是具备了某种单一的知识或技能。

第四，隐含着建构主义学习理论。统整性目标的实质体现了一种高阶复杂的学习目标，它无法通过简单记忆或背诵而被掌握，而是需要通过探究或解决问题得以落实。在基于课程整合的学期课程纲要中，除了统整性目标，其所需要的大问题或大问题驱动的学习活动、大的情境性评价任务等都要求学生深度思考，做出权衡和判断，有时还需要通过合作协商来完成，所有这些在实际上都体现了建构主义的学习理念和方式。

五、基于课程整合的学期课程纲要有何要求

初步完成学期课程纲要方案后，研制者需要不断地修订与完善，思考学期课程纲要是否符合如下基本要求。

（1）包括完整的四个课程元素，四个元素是相互匹配的。

（2）课程目标有据可依，具有统整性，条目简要；制定时充分考虑学情、课时、资源等因素；清晰地指向学科核心素养或核心素养。

（3）充分考虑了学习难点和学习兴趣；创设多样化情境和支持条件，教与学的方式足够丰富；第一课时分享学期课程纲要。

（4）设计了整个学期的评价方案，阶段性的评价对下一步教学发挥了"诊断"作用；评价方式多样；有成绩结构及来源、相关补考政策。

（5）学生能从课程纲要了解学期学习路线和学习资源；提供了课程学习所需的背景信息，必要时，在表达上使用学生熟悉的语言，篇幅一般不超过 3 页 A4 纸（正文主体 5 号字、行间距固定值 18 磅左右）。

教师撰写完基于课程整合的学期课程纲要的同时，其实也完成了素养取向的学期课程纲要的撰写，这在很大程度上意味着他们具备了整体把握学期课程教学和开展素养取向的课程教学的专业知识与技能，体现出对于目标、教学、评价的一致性和学生建构学习的理解。所有这些恰恰是当前我国进入素养时代的诉求——从知识取向走向素养取向、从表层学习走向深度学习。

第二节 课程纲要问与答

1. 课程纲要指向的是学期学年、还是学段？它与教学进度表有什么区别？

答：一般来说，课程纲要主要指向学期。课程纲要与教学进度表的区别很大，前者含有课程目标、课程内容、课程实施、课程评价四个基本课程要素，而后者往往只包含了时间与教学内容。

2. 课程纲要主要有哪些组成部分？每个组成部分包括哪些内容？

答：主要由两部分构成：（1）一般项目，包括学校名称、课程类型、设计教师、日期、适用年级、课时、学校等；（2）课程元素，包括课程或学习目标、课程或学习内容、课程或活动组织、课程或学习评价。课程纲要有时也可能加上所需条件，即为顺利实施该课程所需要的条件。

3. 什么时候公布课程纲要为宜？

答：作为学习契约或学习导航，课程纲要一般在学期开学第一节课上提供给学生，使学生概览整个学期的学习架构。介绍课程纲要的时间可短可长，通常不多于一节课。

4. 课程纲要为什么要走向素养取向？

答：当今时代是个信息化时代，也是个知识爆炸的时代。在这样的时代，学生不仅需要获得一些基础知识与技能，更重要的是要获得学习知识的能力，如学会学习、问题解决思维、团队合作。我国为顺应时代发展，近年来陆续出台了《中国学生发展核心素养》、高中各门学科课程标准（2017），其目的在于定位新的教育目标——培养具有关键能力与必备品格的学生。在这样的大背景下，中小学课程与教学将发生深刻的变化，自然要走向素养本位的教育。作为课程重要文本，课程纲要"责无旁贷"地需要走向素养取向。

5. 学科核心素养与核心素养有何关系？

答：第一，二者是下位概念与上位概念的关系。核心素养比教育目的更具体地描述出了教育结果，可视为一种教育目标，为基础教育描述出所欲培养的学生形象，是学校所有课程的指向；学科核心素养作为学科的纲领性目标，可视为学科目标，因此，学科核心素养自然需要核心素养的引领。第二，二者是互为目的与手段的关系。核心素养是上位概念，体现了基础教育的总体目标，它需要下位概念的实现才能得以落实。这里的下位概念离不开学科核心素养，这是因为核心素养的达成需要通过各种课程才能落实，而学科核心素养直接体现学科课程目标。从这个意义上讲，学科核心素养服务于核心素养这个总目标，是落实核心素养的手段和途径，它的落头必须体现或有助于核心素养的达成。二者的这种目的与手段的关系并非单向的，而是互为手段与目的的。第三，二者是相互包含与相互促进的关系。在构成上，一些学科核心素养具有跨学科性，包含了所属学科能够落实的部分或全部核心素养，如逻辑推理是数学学科核心素养之一，而科学精神是核心素养之一，两者都含有理性思维、因果关系等含义。除此之外，学科核心素养还包括各学科的一些独特要求。在内涵与外延上，学科核心素养与核心素养呈现出你中有我、我中有你的相互包含关系。这种相互包含的关系自然意味着学科核心素养与核心素养之间存在着相互促进的关系。这是因为，核心素养的发展会对学科核心素养的形成有正向推进作用，如核心素养科学精神的发展自然会对数学核心素养逻辑推理的形成产生积极作用。反之，学科核心素养的形成也有助于促进核心素养的发展，如数学核心素养逻辑推理的发展自然会对核心素养科学精神的形成产生积极作用。第四，二者是超越机械相加与一一对应的关系。学科核心素养是核心素养的具体体现，但除此之外，它还包括学科的一些独特素养要求。正因为这种学科独特性的存在，才使所有学科核心素养的相加不等于核心素养。如果能认识到核心素养的培育除了要完成学科课程，还需要完成其他许多非学科的教育和活动的话，就更能明白核心素养等同于学科核心素养机械相加的想法是错误的。学科核心素养与核心素养的关系超越了一一对应关系，这是因为一些核心素养未必只对应于某门学科核心素养，而是可能对应不同学科的核心素养；反之，一些学科核心素养也可能不只对应某一核心素养，而是对应若干种核心素养。

6. 课程目标的确定是否要从核心素养开始？

答：理论上，课程目标的思考应从核心素养开始，因为核心素养是我们最终要实现的目标。研制者在实际撰写时，可以完成现有的课程目标后再来确定核心素养。有时候，这两种方式往往是交替进行的，并非线性地"一根筋走到底"。

7. 课程目标的确定是否要从学科核心素养开始？

答：课程目标，尤其是学科课程目标大多可从学科核心素养着手，用它们来统整课程开发。但在实际撰写时，研制着也可以在完成现有课程目标后再来确定学科核心素养。有时候，这两种方式可以交替进行。一般来说，课程目标，尤其是学科课程目标，需要明确学科核心素养，而不需要明确核心素养。

8. 在学科课程纲要研制过程中，比较完整的目标转化过程是怎样的？

答：这种相对比较完整的目标转化过程包括：（1）核心素养；（2）学科核心素养；（3）学科内容标准；（4）学期课程目标；（5）单元目标（一般不会详细到课时目标层级）。

9. 课程纲要一定要考虑内容标准或内容要求①吗?

答：学科类型的课程纲要自然需要考虑课程标准，考虑所涉及的内容标准。在很大程度上，课程纲要就是要基于课程标准而制定，需要从课程标准文本中寻找相关内容标准。

10. 在第四节《爱的旅行》中，从核心素养到单元目标经历了怎样的转化过程?

答：总体上，该案例的转化过程始于核心素养，然后是选择出不同学科的内容标准，接着通过整合内容标准提炼出统整性目标与大问题或主要问题，进而确定出统整性目标及其落实所需的知识、技能、情感，最后，这些课程目标转化为单元目标。值得一提的是，单元目标也可以设计单元层面的统整性目标与大问题，但本案例并非涉及。

11. 假设学期课程纲要包括 N 个单元，那么单元目标与学期目标之间有什么关系?

答：学期目标包含了这 N 个单元目标，单元目标是学期目标的具体化，各单元目标相互关联。一些含有大目标、大问题的课程纲要往往用学期层面的统整性大目标、大问题来统领整个课程设计，用它们来引导单元层面大目标与大问题的设计，如图 2.2 所示。

图 2.2　不同层次学科课程方案的关系

12. 设计课程纲要的评价部分时，是否需要设计课程实施过程中涉及的评价?

答：课程评价主要由两部分构成，一部分是结果性的评价，另一部分是过程性的评价。其中，前者势必体现在课程纲要中，而后者同样需要加以考虑。有时，一个评价可能就融合了这两类评价，如在某项科学探究中，由于课程实施内容的焦点集中，我们完全可以依据探究过程设计好每个环节的评价。当然，对于该案例也可以独立设计一个总体评价，以便应用于期末结束的考察。具体展开时，需要明确以上两类评价对于学生最终成绩的影响比例，需要明确评价方式，尤其是在素养取向下，至少要设计一定比例的表现性评价。

13. 设计课程纲要的课程内容与实施部分时有什么要遵守的基本要求?

答：需要遵守三方面要求：（1）需要在目标统领下，实现评价与教学的一体化；（2）以教学主题为线索展开设计并安排关键学习活动；(3)学习活动的设计要重视把目标问题化，把问题情境化，把情境生活化。

14. 针对国家学科课程，设计统整性课程纲要是否受到教材的限制?

答：从教材角度看，设计国家学科课程纲要并非易事。这是因为，教师深受教材的影

---

① 高中各门学科课程标准（2017 版）已用"内容要求"代替了"内容标准"，相关资料可见高中各门学科课程标准（2017 版）。

响，而且一个学期的教材往往涉及诸多内容，这些内容之间未必有内在的紧密关联，因此给目标或内容统整造成了很大的麻烦，需要教师全局把控教材和学习目标，进而打破现有教材的安排，如此才有可能较好地完成统整。就此而言，从统整视角来设计课程纲要可以适当降低统整的程度。对于那些目标来自课程标准的校本课程（如《爱的旅行》），教师完全可以运用统整视角自行设计各个单元的内容，设计出整合程度较高的课程纲要。由此可见，如果要打破现有教材体系和安排，设计统整性课程纲要对于教师提出了很高的专业要求，建议教师尽量以合作方式进行设计。相比之下，如果不需要打破教材体系，而是应用内容标准条目重新开发校本课程，设计统整性课程纲要对于教师提出的专业要求则相对较低。当然，对于本书探讨范围之外的一般校本课程开发，教师完全可以根据需要，相对更为容易地设计出统整性课程纲要。

15. 对于习惯于落实知识与技能的教师，该如何统筹安排核心素养的落实，避免出现零碎化的教学目标？

答：长期以来，我国教师习惯以知识点为单位开展教学。由于不从统领性的核心素养角度出发，这样的教学始于零碎化的教学目标，它将极大地背离核心素养的整体性要求。因此，教师需要联结核心素养与教学目标，尤其要在课程中设计统整性目标、大问题，实现目标的统整性，而不是聚焦于孤立化的目标。同时，教师需要有意识地设计学习统整性技能的活动或任务，这样的活动或任务是一种复杂行为表现，需要具备一系列能力和知识，而不是只关注具体的单独技能（它们只是活动或任务的具体构成）。就此，教师可设计情境问题，通过问题解决过程培养学生的综合素养。教师在规划课程方案时应思考：我要落实哪些核心素养？基于这样的核心素养，需要选择哪些学科核心素养？应分几个阶段落实学科核心素养？每个阶段指向哪些学科核心素养？基于学科核心素养，应选择哪些适宜的内容标准？怎么解读内容标准以明晰其包含的统整性学习目标，进而为这种目标设计相应的大问题？为落实统整性目标，学生需要掌握哪些必要的教学目标及如何为此安排不同的活动任务？整个研制过程怎样体现问题情境的作用？……只有明晰了这些基本问题，才有可能实现核心素养与教学目标的联结，才能为后续评价设计与学习活动设计提供具体的指导意见。

第三节 《小学数学（一上）》课程纲要的研制

设计者：吴慧敏、李放、叶聪聪、周赛琼、谢作桐、陈欢欢；
学校：平阳县中心小学；**课程类型**：学科课程；**总课时**：69 课时

一、学习背景

本册教材是义务教育阶段一年级上册的人教版实验教材，内容包括：（1）数一数；（2）比一比；（3）10 以内数的认识和加减法；（4）认识图形；（5）分类；（6）11～20

各数的认识；（7）认识钟表；（8）20以内数的进位加法；（9）用数学，数学实践活动。重点教学内容是10以内数的加减法和20以内数的进位加法。除了认数和计算以外，教材安排了常见几何图形的直观认识，比较多少、长短和高矮，简单的分类以及初步认识钟表等。虽然每一单元的内容都不多，但是都很重要，有利于学生了解数学的实际应用，培养学生学习数学的兴趣。总的说来，本册教材主要是通过各种各样的活动对学生进行数感、符号化意识与运算能力，几何直观与空间观念，应用意识与创新意识等数学核心素养的培养。

一年级学生刚刚进入小学学习，对新的学习和生活充满了兴趣，对学校环境、老师、同学、课堂、学习都充满了好奇心。同时，他们年龄小、好动、易兴奋、易疲劳，注意力容易分散，40分钟的课堂学习对于他们来说真的很难！另外，一年级学生的认知水平处于启蒙阶段，尚未形成完整的知识结构体系，学生有意注意力占主要地位，以形象思维为主。从整体上看，一年级学生都比较活跃，大多数学生上课时基本能够跟上教师讲课的思路，教师上课组织课堂纪律并不难，而且学生的学习积极性也很容易被调动。需要注意的是，部分新生可能接触过幼小衔接班，因此同一个班级里可能会出现学情相差较大的情况，这对于教师的考验较大。

二、课程目标

（一）课程内容标准

本学期乃学生学习数学的基础阶段，涉及不少知识，它们都是学生将来学习数学必要而重要的内容。为此，我们先考察课程标准（2011年版），其内容如表2.6所示。

表2.6 小学数学（一上）课程内容标准（节选）

主 题	内 容
一、数与代数	（一）数的认识 （1）能认、读、写万以内的数，能用数表示物体的个数或事物的顺序和位置； （2）能说出各数位的名称，理解各数位上的数字表示的意义； （3）理解符号<、=、>的含义，能用符号和词语描述数的大小，能结合具体情境比较两个一位小数的大小； （4）能运用数表示日常生活中的一些事物，并能进行交流 （二）数的运算 （1）能熟练地口算20以内数的加减法； （2）认识小括号，能进行简单的运算； （3）经历与他人交流各算法的过程； （4）能运用数及数的运算解决生活中的简单问题，并能对结果的实际意义做出解释 （三）常见的量 （1）能认识钟表，结合自己的生活经验，体验时间的长短； （2）能结合生活实际，解决与常见的量有关的简单问题
二、图形与几何	（1）能通过实物和模型辨认长方体、正方体、圆柱和球等几何体； （2）能辨认长方形、正方形、三角形、平行四边形、圆等简单图形； （3）能对简单几何体和图形进行分类

（二）确定课程目标

基于上述学习背景和课程标准，我们制订出如表 2.7 所示的本学期的课程目标。

表 2.7　小学数学（一上）课程目标

总体目标	通过各种各样的活动，学生初步形成数感、符号化意识与运算能力，几何直观与空间观念，应用意识与创新意识等数学核心素养，学生能用自己喜欢的方式去学习对自己有用的知识，初步了解一定的学习方法、思考方式，在学习过程中感受到学习的兴趣与快乐
具体目标	（一）数感、符号化意识与运算能力 （1）熟练地数出数量在 20 以内的物体的个数，会区分几个和第几个，掌握数的顺序和大小，掌握 10 以内各数的组成，会读、写数字 0～20； （2）初步知道加、减法的含义和加、减法算式中各部分的名称，初步知道加法和减法的关系，比较熟练地计算一位数的加法和 10 以内数的减法； （3）认识符号 =、>、< 的含义，能使用它们表示数的大小。 （二）几何直观与空间观念 （1）能直观地认识长方体、正方体、圆柱、球、长方形、正方形、三角形和圆； （2）初步了解物体的位置关系，初步形成观察能力和空间想象能力； （3）初步认识钟表的构成与作用，能读出整时和半时。 （三）应用意识与创新意识 （1）初步学会根据加、减法的含义和算法解决一些简单的生活实际问题； （2）体会与提高学习数学的乐趣，初步具有学好数学的信心。 （四）其他 （1）在老师的指导下，养成认真完成作业、书写整洁的良好习惯； （2）通过实践活动，初步体验数学与自己日常生活的密切联系

三、课程内容

课程内容设置如表 2.8 所示。

表 2.8　课程内容设置

单元	单元专题	学习内容	课时	课程内容调整说明
开学第一课		分享课程纲要	1	
第一单元	准备课	数一数	1	
		比多少	1	
	绘本阅读内容	《首先有一个苹果》	1	增加阅读内容一个
第二单元	位置	上、下、前、后	1	调整：根据学生的认字情况，把这一单元内容调到第五单元后，使学生有一定知识量后更好、更容易地去接受知识
		左、右	1	
		单元练习	1	

续表

单 元	单元专题	学习内容	课 时	课程内容调整说明
第三单元	1～5 的认识和加减法	1～5 的认识	3	
		加减法的初步认识	6	
		0 的认识和有关 0 的加减法	2	
		单元练习	1	
	绘本阅读内容	《丁丁的练习本》	1	增加阅读内容一个
第四单元	认识图形（一）	认识图形（一）	2	
		单元练习	1	
	绘本阅读内容	《寻找消失的爸爸》	1	增加阅读内容一个
第五单元	6～10 的认识和加减法	6、7 的认识和加减法	5	调整：这一单元内容和第三单元衔接一下，知识更能够贯通
		8、9 的认识和加减法	5	
		10 的认识和有关 10 的加减法	4	
		连加、连减、加减混合	4	
		单元练习	1	
	绘本阅读内容	《十个人快乐地搬家》	1	增加阅读内容一个
第六单元	11～20 的认识	11～20 的读数和写数	3	
		10 加几的加法和相应的减法	2	
		实践活动：数学乐园	1	
		单元练习	1	
	绘本阅读内容	《国王的超级特派员》	1	增加阅读内容一个
第七单元	认识钟表	认识钟表	1	
		单元练习	1	
第八单元	20 以内数的进位加法	9 加几	3	
		8、7、6 加几	2	
		5、4、3、2 加几	4	
		单元练习	1	
第九单元	总复习	总复习	4	
		期末考试	1	

四、课程评价

本学期学业评价分为"态度与习惯"（过程性评价）和"学业水平表现"（总结性评价）两部分，注重评价的多元性，评价主体包括学生个体、同伴、教师、家长等，评价方式要结合学生日常的学习表现，通过口试、笔试、主题实践活动、调查访谈、成果展示等途径展开，评价成果以分项等级制评价与描述性评价相结合，作为学生学习态度和情感评价，与学生德育习惯共同呈现于学生综合素质报告单。具体内容如表 2.9 所示。

表 2.9 学业评价设计

态度与习惯（过程性评价）				
评价内容		评价要素	评价等级描述	评价方式
日常表现	常规	认真听讲、独立思考、积极发言、积极参与	组内成员根据思考、交流、合作的程度互评，结果按照 A、B、C、D 等级记录到计分表中	小组平时评价（小对子互评）记入计分册
	技能	动手能力、图形描述能力、应用能力、观察分析能力		
作业表现	课堂作业本	作业态度、作业质量、分析应用、及时纠错	根据学生作业上交、独立完成、书写工整、及时纠正错误等情况，用"等级+评语"的形式给予评价，并以激励性的评语为主，结果按照 A、B、C、D 等级记录到计分表中	作业批改记录，记入计分册
	活动作业	方案制定、分析应用、解决问题	根据学生作业上交、独立完成、书写工整、及时纠正错误等情况，用"等级+评语"的形式给予评价，并以激励性的评语为主，结果按照 A、B、C、D 等级记录到计分表中	小组平时评价（小对子互评），记入计分册

学业水平表现（总结性评价）			
评价项目	评价要素	评价等级描述	评价方式
学业水平表现	数与代数、几何与图形、统计与概率、综合实践四个部分	采用等级制，可以分成 A、B、C、D 四个等级：A 水平为"优秀"，高于课程标准要求；B 水平为"良好"，达到课程标准要求；C 水平为"合格"，基本达到课程标准要求；D 水平为"暂缓评定"，低于课程标准要求	口头测评+笔试
成长记录袋	数学日记、手抄报、最满意的一次作业、家长寄语	以激励性的评语为主，不计分	以成果展示形式回顾学习历程，认识自我

五、课程实施

（一）课程资源

（1）教材：根据学生的实际情况对教材（义务教育课程标准实验教科书）《数学（一年级上册）》进行再次开发整合。

（2）练习：课本上的习题及精选的习题。

（3）自制教具：根据需要制作多媒体课件、卡片、模型等教具。

（4）课程标准：认真研读课程标准，结合教材、学情将内容标准细化为具体、可操作的学习目标。

（5）教师用书：参考教师用书中教学建议实施教学。

（6）其他学科知识：在数学教学过程中把不同学科知识整合起来，学习体验会更愉悦。同时，在教学中适时、适当地运用其他学科的知识可使课堂教学达到事半功倍的效果。

（二）教与学的方法

优质教学的开展需要严格按照"基于课程标准的教学"的教学设计要求设计教学方法，具体如下。

（1）问题教学：创设问题情境，使学生进行探究、交流。教师要结合重、难点，充分运用多媒体教学手段，以直观的方式呈现问题；同时，要让学生在现实情境中体验和掌握数学知识，体会数学的价值。

（2）重视学生的经验和体验，根据学生的已有经验和知识设计活动内容和学习素材。

（3）尽量选择、设计现实的、开放式的学习活动，让学生通过活动积极思考、相互交流，体会数学知识的含义。

（4）采用多样化的教学手段（如讲故事、唱儿歌、做游戏、猜谜语等）激发学生的学习兴趣，鼓励学生思考多样化的问题解决策略。

（5）重视应用数学的意识和能力。

（6）重视数学知识与其他学科知识的整合。

第四节　跨学科课程《爱的旅行》的构思

2017 年 2 月，山东省济南市晏婴小学开发了系列校本课程，《爱的旅行》乃其中一大成果。该课程定位于跨学科整合，适用于 5 年级上学期，共安排了 28 个课时，分为爱家乡、爱班级两大主题。下文从四个方面对该课程的思考与实践做具体描述。

一、拟解决的问题

教育不仅仅关于做事，也关于做人，爱是永恒的教育主题。遗憾的是，通过广泛深入的调研，我们发现本校不少学生不会"爱"，中高年级学生中，知道父母生日并且在父母生日时表达自己情感的仅占 38%。绝大多数小学生对人世间最美好的情感"爱"的认识较肤浅，认为父母、老师爱自己是天经地义的，因此不懂得感恩和回报。日常中，许多高年级学生也表现出做事不够认真，出现问题推脱责任，不能对自己的过失负责的情形。

尽管本校各科教学中体现"爱与感恩"思想的学科内容很多，但是还没有人将与"爱与感恩"为主题的学科内容综合起来形成一门课程，并通过这门课程来培养、提升学生们的道德水平和综合素养。与此同时，传统教学中的分科教学导致学生孤立地、割裂地看问题，灌输式教学导致学生的思维僵化，重知识学习则导致学生缺乏创新精神和实践能力，所有这些都使得学生缺乏爱的行动力。为此，我们认为极有必要为学生开设一门可以身体力行地感受爱的课程。

二、具体开发步骤

（一）寻找课程开发依据

为更好地开发课程，进行相关的研究是必要的，这主要涉及三大方面，分别是关于道德核心的研究、关于国家相关文件精神的研究、关于跨学科整合课程的研究。

关于道德核心的研究。《孝经》中有"夫孝，德之本也，教之所由生也"。一个真正懂得爱亲、孝亲的人，会有一颗感恩之心，也会形成勇于担当、敢于负责的价值观。孟子云，"亲亲而仁民，仁民而爱物"，一个人的感恩之心从感谢父母的恩德生起，对他人、自然、国家的仁爱之心也是从敬爱父母开始的。可以说，"爱是一切品德教育的基础"。

通过对道德核心的研究，我们想到开发一门以"爱与感恩"为主要内容和学习目标的课程，来解决学生不懂感恩及缺少担当、缺乏责任心的问题。

关于国家相关文件精神的研究。针对我国在改革开放中出现的道德滑坡现象，国家高度重视道德的力量，通过多种形式的会议、文件或者活动来弘扬社会"正能量"。教育部印发的《完善中华优秀传统文化教育指导纲要》中明确指出"着力引导青少年学生正确处理个人与他人、个人与社会、个人与自然的关系，学会心存善念、理解他人、尊老爱幼、扶残济困、关心社会、尊重自然"；《国家中长期教育改革和发展规划纲要（2010—2020）》进一步强调"促进德育、智育、体育、美育有机融合，提高学生综合素质，使学生成为德智体美全面发展的社会主义建设者和接班人"。可见，加强中小学德育工作是促进学生全面发展的必然要求。

以上文件精神启发我们，开发本课程时，不仅要以"爱与感恩"为主要内容和学习目标，还要将品德教育、思维提升、审美教育等有机地融合。

关于跨学科整合课程的研究。跨学科课程是指在教师的指导下，由学生参与课程实施的综合性学习活动，它是基于学生经验，密切联系学生的生活和社会实际，体现对知识的综合应用的学习活动。本书认为跨学科整合课程的特征包括：（1）以共同主题或问题为中心。跨学科整合课程涉及众多学科，这些学科并非"水果拼盘"，它们在共同的主题或问题引导下形成了一个有机整体。（2）强调学科的内在联结。跨学科整合课程不局限于单一学科内部，由于共同主题或问题已经超出单一学科边界，只有不同学科的协作努力才能探究共同主题或问题。（3）指向综合素养的培养。跨学科整合课程以学生的现实生活和社会实践为基础发掘课程资源，以活动为主要开展形式，强调学生的亲身经历，要求学生积极参与到各项活动中去，发现和解决问题，体验和感受生活。

通过对课程理论的综合学习，本课程开发小组认为综合实践活动课程能够较好地解决分科教学的弊端，弥补传统教学中以教师为主导、以知识传授为主要目的的不足之处。

（二）初步确定课程目标

作为跨学科整合课程，《爱的旅行》整合了语文、音乐、美术、信息技术等学科，其目的在于使学生成为懂得感恩的实践者。其课程目标定位于：学生能根据自己的兴趣、爱好与已有经验从日常生活中选取关于感恩的探究课题或问题，开展有趣、有意义的探究活动，能学会用生动、活泼的形式表达探究过程与结果，形成系统、全面地看待问题的能力，扩展逻辑思维能力，初步具备认识爱、理解爱的能力，拥有感恩的心。

（三）确定核心素养

通过研读《中国学生发展核心素养》，课程开发小组选择了核心素养"科学精神"中的"勇于探究"、核心素养"人文底蕴"中的"审美情趣"、核心素养"责任担当"中的"社会责任"，形成了《爱的旅行》课程指向的核心素养：（1）勇于探究：是学生在勤于实践、敢于创新方面的具体表现，包括实践活动、批判质疑、问题解决等；（2）审美情趣：重点是具有艺术表达和审美表现的兴趣和意识，这是对课程实践活动过程与成果的再现及情感的升华；（3）社会责任：学会感恩，感恩是一种生活智慧，是学会做人、成就阳光人生的支点，重点是认识爱、理解爱、会感恩。其中，"勇于实践""创意表达"是该课程要培养的关键能力，其内容与过程均是以"爱××"来构建和展开的；"学会感恩"是在前述两大关键能力的基础上形成的必备品格。可以说，这些核心素养直接体现于上述课程目标之中。

（四）选择内容标准

通过讨论，课程开发小组选择了相关学科内容标准：（1）能够体验并简要地描述音乐情绪的变化；选用合适的背景音乐为诗朗诵或者其他艺术形式配乐；用自然的声音，有表情地演唱；能够主动地参与综合性艺术表演活动（音乐）。（2）用普通话正确、流利、有感情地朗读诗文，在诵读过程中体验情感、展开想象；能清楚、明白地讲述见闻，说出自己的感受和想法；能提出学习和生活中的问题，有目的地搜集资料，共同讨论（语文）。（3）欣赏符合主题的绘画作品，用语言描述作品，表达感受与认识；结合语文、音乐等学科内容进行美术创作，表现所见所闻、所感所想（美术）。（4）爱亲敬长，养成文明礼貌、诚实守信、友爱宽容、热爱集体、团结合作、有责任心等品质；学习从不同的角度观察社会事物和现象，尝试合理地、有创意地探究和解决生活中的问题；初步掌握收集、整理和运用信息的能力，能够选用恰当的工具和方法分析、说明问题（品德与社会）。

（五）确定统整性学习目标及其主要问题

确定的统整性目标为：对自然、他人怀有感激之情；用一颗感恩的心为身边的人做出自己力所能及的事情，并与他人分享感恩体会。为了更好地落实这个目标，课程开发小组确定了两个相关的主要问题：（1）为什么要感恩？（2）感恩怎样从身边做起？

（六）确定落实统整性目标所需的所知、所能、所成

为达成上述目标，学生需要掌握如下所知、所能、所成，（五）与（六）可视为课程目标。

（1）通过小组合作，选择受关注的、有意义的问题，并能够将问题转化为研究的课题；

能够制定较完善的活动方案。

（2）通过合作，有条理地按照制定的活动方案开展综合实践活动，并能根据实际情况调整活动方案；在家长或老师的帮助下解决活动中遇到的问题。

（3）能够用多种方式整理并展示研究过程和研究成果。PPT 要求 10 页以上，有目录、有总结，既包括研究性学习的过程，也包括研究性学习的结果，内容前后一致，紧扣研究主题，学会插入视频和音频。

（4）能用歌唱、绘画、配乐诗朗诵等方式配合 PPT 整理并展示研究成果，歌唱、绘画、配乐诗朗诵等的内容要与研究主题保持一致。

（5）能围绕主题进行展示，做到声音洪亮、语言流畅、姿态大方自然、站位合理无遮挡，有必要的肢体语言辅助讲解，能与其他同学进行互动；能紧紧围绕主题清楚明白地讲述研究过程与成果，语言生动，语气、语调适当，能激发观众对主题"爱与感恩"的共鸣。

（6）能认真倾听别人讲话，了解别人的讲话内容，乐于参与讨论，敢于发表自己的意见；能抓住要点复述展示内容，并说出自己的爱与感恩之情，表达有条理。

（七）制定课程评价方案

为判断教学目标落实情况，课程开发小组从两方面收集了相关信息。

一是在课程实施过程中收集教师评价、学生自我评价、学生同伴评价的信息，相关评价标准如表 2.10 所示。

表 2.10　课程过程性评价标准

评价项目	分值		
	9～10 分	6～8 分*	6 分以下
方案制定	活动目标紧紧围绕主题论述；环节细致，环环相扣；人员分工合理，时间安排紧凑；方案清晰明了，组员都明白要做什么、怎么做		活动目标没有紧紧围绕主题论述；有粗略的人员分工及时间安排
实践探究	按照分工认真完成自己的任务，并及时与小组成员沟通自己的认识；在活动中思考主题与自己的关系，付诸行动；能够在老师的指导下及时察觉活动中出现的问题，并及时修正；理解主题与自己的关系，做一些力所能及的感恩之事		能按照分工完成自己的任务；在活动中，思考主题与自己的关系；能够在老师的指导下察觉活动中出现的问题；了解主题与自己的关系，具有做一些感恩之事的想法
成果整理	围绕主题全面整理自己和同伴搜集的资料，共同商定成果展示的方式		整理自己和同伴搜集的资料
个人反思	明确自己与主题的关系，并能反思以前的不良行为或提出今后的相关改进措施		基本明确自己与主题的关系，但没有清楚地表达自己的感受

注：6～8 分*栏目留白，意为介于前后评分之间的弹性评分区间。

二是在学生的期末汇报中要求学生完成课程总结性评价任务：请你或小组同伴自主选择恰当的表达方式，展示综合探究的过程与成果，表达研究主题"爱与感恩"。相关评价标准如表 2.11 所示。

表 2.11 课程总结性评价标准

评价项目	分值		
	16～20 分	10～15 分*	10 分以下
探究方面	展示的探究活动内容充实，主题渗透于探究过程中，也体现了一些感恩行动		展示针对课程主题的探究活动，活动具体明确
展示方面	能简练地概括展示内容，说出展示小组的优点和不足；成果有目录、内容、总结，三者之间有联系；合作展示与主题一致的作品，能表达出爱与感恩之情；展示时，姿态大方、站位不遮挡；表演生动、有感情，能激发同学们的爱与感恩之情		能说出展示小组的优点和不足；成果有目录、内容、总结，展示与主题一致的作品；展示时，能略微激发同学们的爱与感恩之情
创意方面	展示方式活泼、新颖，引起同学们的浓厚兴趣，展示作品的艺术性强，给人以强烈的美感		展示方式比较活泼，展示作品的艺术性较弱

注：留白栏为弹性评分区间。

（八）组织学习活动

结合课程目标和班级实际情况，课程开发小组确立了爱家乡、爱班级两大研究主题。

（1）爱家乡：结合家乡的历史文化、名胜古迹、故事传说、历代名人等方面进行自主选择和探究，充分感受家乡的美好与伟大，增强对家乡的爱与感恩之情。

（2）爱班级：针对班级中吵架捣乱现象、小团体现象以及遵纪爱班、团结同学或班级荣誉感等问题，合理选择学习主题进行探究，初步形成稳定的个性与良好的集体意识，学会与人和谐相处，增强感恩意识。

每个主题都占 13 课时，共占 26 课时，学期 28 节课中余下的 2 课时用以最终考核展演。每个主题都包含三个单元：爱的方案、爱的探究、爱的表达。如图 2.3 所示，爱的方案的主要事项为确立主题、制定方案，包括问题的选择、主题的确定、活动方案的设计；爱的探究体现为活动过程的展开，主要事项为自主管理、合作探究；爱的表达包括展示成果、总结提升。

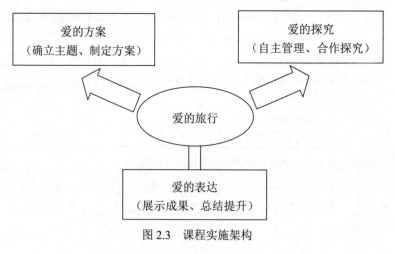

图 2.3 课程实施架构

结合这两大主题所选择的相关课程内容需要满足：（1）内容的选择与组织以学生为核心，主要围绕三条线索进行——学生与自然的关系（爱自然）、学生与自己及他人的关系（爱妈妈、爱爸爸、爱老师、爱同学、爱朋友、爱自己）、学生与社会的关系（爱家庭、爱班级、爱校园、爱家乡、爱祖国）；（2）内容的选择和组织体现学生的个性：确定活动内容时，要尊重每一个学生的兴趣、爱好与特长等个性特点，体现班级的特色；（3）以学生的已有经验为基础：确定该门课程的内容时，引导学生从日常生活中选取探究课题或问题。

《爱的旅行》所采用学习方式的基本步骤为：（1）问题的选择；（2）主题的确定；（3）活动方案的设计；（4）活动过程的展开；（5）研究成果的展示；（6）反思与评价。为配合学生学习，教师的教学策略将体现如下要求：（1）问题引领：此处的关键是让学生自主发现问题、展开探究活动，即教师确定综合实践活动的内容时，要善于引导学生从日常生活中选取探究主题或问题；（2）预设和讨论：在"爱的方案"环节，小组或个人大胆预设活动过程，充分考虑活动中会出现的问题和困难，并讨论解决方法；（3）实践和探究：小组或个人依据活动方案进行实践和探究，并注意收集和整理过程性资料；（4）总结和反思：总结活动过程中的收获、问题、困难，反思原因，找到解决方法；（5）真实情境：在"爱的探究"环节，教师要提供真实的生活情境，鼓励学生走进真实情境，并围绕话题积极探究。

《爱的旅行》所包含的两个主题——爱家乡、爱班级都有"爱的方案""爱的探究""爱的表达"三个单元，对各个单元的总体实施设想如下。

单元一——爱的方案（确立主题、制定方案）：（1）在问题引领下，通过小组讨论或个人思考，利用已有经验，唤起对主题已有的认识，小组内成员交流各自的了解和认识，确定研究的主题；（2）小组代表或个人发言，其他同学质疑、补充，教师点拨，形成活动方案。

单元二——爱的探究（自主管理、合作探究）：（1）小组成员根据活动方案，自主或合作组织、参与探究活动，在活动中搜集与探究主题相关的知识，感受自己与主题的关系；（2）结合活动方案，展示小组或个人的探究过程、收获以及在探究活动中遇到的问题和困难；（3）通过小组讨论，结合他人的补充和点拨意见，进一步调整活动思路，将感恩之情付诸行动。

单元三——爱的表达（展示成果、总结提升）：（1）通过回顾与交流讨论，进一步完善展示环节和评价反思环节的评价标准；（2）自主或合作进行成果整理，并采取多种形式展示汇报探究活动的过程和成果，充分表达自己对探究主题的热爱之情；（3）通过评价反思、交流感受，进一步深化针对相关主题的爱与感恩之情。

（九）形成课程纲要

根据上述思考与行动，最终形成了如表 2.12（a）、（b）所示的"爱家乡"与"爱班级"的课程纲要。为避免重复，除了课程目标与评价部分，表 2.12（a）、（b）呈现了课程纲要中的主体内容（即详细的学习活动组织）。

表 2.12（a） 《爱的旅行》课程纲要：爱家乡

单元	活动模块的目标、主题、学习活动与评价设计		
	目标	主题	学习活动与评价设计
爱的方案	通过多种渠道，发现与"爱家乡"有关的问题，并通过小组讨论或个人思考确定研究主题（2课时）	确定研究主题 根据老师给出的三个问题，采取先个人思考后写出、小组内发表自己对家乡的了解和认识、小组代表发言、其他同学质疑并补充、教师点拨的方式，确定个人或小组的研究主题	学习活动1：思考如下三个问题，写出自己的认识。 （1）你对家乡临淄有哪些了解？ （2）你想了解家乡的哪些方面？ （3）你计划通过什么活动或方式了解呢？ 评价设计1：教师通过观察，发现学生在学习中存在的问题，并进行及时反馈。 学习活动2：学生汇报自己的思考，其他同学质疑、补充，小组确定研究的内容。 评价设计2：采取自评与互评相结合的方式。在小组内大胆地表达自己的认识，能够质疑或补充同学们的意见，小组成员共同确定研究问题
	以教师提供的"活动方案"模板为依据，制定活动方案（2课时）	制定活动方案 小组讨论，形成活动方案；交流、完善活动方案	学习活动1：讨论研究的方式和步骤。按照老师提供的模板，形成活动方案。 评价设计1：采取自评与互评相结合的方式。全面设想活动过程，制定出能够执行的活动方案；汇报方案，其他同学评价，教师点拨。 学习活动2：修改、完善方案。能够认真倾听他人发言，并发表自己的见解和进行补充。 评价设计2：采取互评与师评相结合的方式
爱的探究	通过各小组汇报探究过程、收获，其他同学和老师评价、点拨，进一步学习综合实践活动课程的步骤（4课时）	汇报探究过程，完善探究思路 各小组汇报探究过程、收获、问题及困难；其他同学进行评价；教师根据汇报、评价情况进行讲解和点拨；小组根据同学们的评价和老师的点拨进行合作研讨，修改、完善综合探究思路	学习活动：各小组汇报探究过程、收获、问题及困难；其他同学进行评价；认真聆听老师的讲解和点拨；小组根据同学们的评价和老师的点拨进行合作研讨，修改、完善综合探究思路。 评价设计：采取教师观察反馈，学生互评、自评相结合的方式。 （1）小组成员或个人能结合探究大方地展示，并有自己的真实感受和想法；其他同学认真倾听，能提出合理化建议或进行补充； （2）进一步修改和完善活动方案，明晰与课程主题的关系，更准确地表达自己的想法或感受
爱的表达	自主或小组合作，借助信息技术等手段进行成果整理，并采取多种形式进行展示汇报，表达自己与"爱家乡"主题的关系，深化情感（3课时）	展示、述评、谈感受，教师的评鉴 各小组展示探究过程及成果，观众述评、谈感受；教师根据同学们的展示进行讲解和点拨	学习活动：各小组展示探究过程及成果，观众述评、谈感受；聆听老师的讲解和点拨。 评价设计：采取教师观察反馈，学生互评、自评相结合的方式。 （1）展示时，力求小组全员参与，站姿要大方，站位不遮挡，语言流畅、生动、有感情，能够表达出小组成员对探究内容的喜欢或热爱； （2）认真倾听汇报小组的展示，并能根据展示内容进行简单述评，说出自己对展示方式及内容的真实感受； （3）认真聆听老师的讲解和点评，进一步学习综合探究的方法和要求

续表

单元	活动模块的目标、主题、学习活动与评价设计		
	目标	主题	学习活动与评价设计
爱的表达	通过分工、讨论形成课程展演的方案，明晰自己在展演中的任务（1课时）	课程展演的形式及分工 师生讨论课程展演的内容、组织分工、时间、地点等	学习活动：讨论课程展演的内容、组织分工、时间、地点等。 评价设计：采取自评和教师观察反馈相结合的方式。小组成员共同商定课程展演的各项内容，要人人发言、积极报名；争取承担除展演之外的其他任务
	通过自主组织，邀请学校教师、家长参加在特定地点的课程展演，培养组织协调能力、创意表达能力（2课时）	课程展演 全体同学组织并参与课程展演	学习活动：组织并参与课程展演。 评价设计：采取教师观察反馈，学生互评、自评，家长评价相结合的方式。 （1）能够采用诗朗诵、演唱、绘画、话剧等方式合作展示与研究主题相一致的艺术作品，要富有感染力； （2）表演大方、动作自然、表情丰富、音量适中； （3）在展演中，能与其他同学密切配合，完成自己承担的组织任务，保证展演活动的顺利进行

表2.12（b） 《爱的旅行》课程纲要：爱班级

单元	活动模块的目标、主题、学习活动与评价设计		
	目标	主题	学习活动与评价设计
爱的方案	通过多种渠道，发现与"爱班级"有关的问题，并小组讨论或个人思考，确定研究主题（2课时）	确定研究主题 根据老师给出的三个问题，采取先个人思考后写出、小组内发表自己对班级的了解和认识（即已有经验）、小组代表发言、其他同学质疑并补充、教师点拨的方式，确定个人或小组要研究的主题	学习活动：思考如下三个问题，写出自己的认识。 （1）班级生活让你感觉幸福吗？具体体现在哪里？ （2）你知道哪些与同学相处的窍门？ （3）你有什么好的方法可以让班级更强大（美好）？ 然后汇报自己的思考，其他同学质疑、补充，小组确定研究的内容。 评价设计：教师通过观察，发现学生在学习中存在的问题，并进行及时反馈；在小组内大胆地表达自己的认识，能够质疑或补充同学们的意见；小组成员共同确定研究的问题
	以教师提供的"活动方案"模板为依据，制定活动方案（2课时）	制定活动方案 小组讨论，形成活动方案；交流、完善活动方案	学习活动：讨论研究的方式和步骤。按照老师提供的模板形成活动方案；汇报方案，其他同学评价，教师点拨；修改完善方案。 评价设计：采取自评与互评相结合的方式
爱的探究	通过各小组汇报探究过程、收获，其他同学和老师评价、点拨，进一步学习综合实践活动课程的步骤（4课时）	汇报探究过程，完善探究思路 各小组汇报探究过程、收获及问题、困难；其他同学进行评价；教师根据汇报、评价情况进行讲解和点拨；小组根据同学们的评价和老师的点拨进行合作研讨，修改、完善综合探究思路	学习活动：各小组汇报探究过程、收获及问题、困难；其他同学进行评价；认真聆听老师的讲解和点拨；小组根据同学们的评价和老师的点拨，学生进行合作研讨，修改、完善综合探究思路。 评价设计：采取教师观察反馈，学生互评、自评相结合的方式。 （1）小组成员或个人能结合探究大方地展示，并有自己的真实感受和想法；其他同学认真倾听，能提出合理化建议或进行补充； （2）进一步修改和完善活动方案，明晰个人与班集体的关系，更准确地表达自己的想法或感受

续表

单元	活动模块的目标、主题、学习活动与评价设计		
	目标	主题	学习活动与评价设计
爱的表达	自主或小组合作,借助信息技术等手段进行成果整理,并采取多种形式进行展示汇报,表达自己与"爱班级"主题的关系,深化情感(3课时)	展示、述评、谈感受,教师的评鉴 各小组展示探究过程及成果,观众述评、谈感受;教师根据同学们的展示进行讲解和点拨	学习活动:各小组展示探究过程及成果,观众述评、谈感受。聆听老师的讲解和点拨。 评价设计:采取教师观察反馈,学生互评、自评相结合的方式。 (1)展示时,力求小组全员参与,站姿要大方,站位不遮挡,语言流畅、生动、有感情,能够表达出小组成员对探究内容的喜欢或热爱; (2)认真倾听汇报小组的展示,并能根据展示内容进行简单述评,说出自己对展示方式及内容的真实感受; (3)认真聆听老师的讲解和点评,进一步学习综合探究的方法和要求
	通过分工、讨论形成课程展演的方案,明晰自己在展演中的任务(1课时)	课程展演的形式及分工 师生讨论课程展演的内容、组织分工、时间、地点等	学习活动:讨论课程展演的内容、组织分工、时间、地点等。 评价设计:采取学生自评和教师观察反馈相结合的方式。小组成员共同商定课程展演的各项内容,要人人发言,积极报名;争取承担除展演之外的其他任务
爱的表达	通过自主组织,邀请学校教师、家长,参加在特定地点的课程展演,培养组织协调能力、创意表达能力(2课时)	课程展演 全体同学组织并参与课程展演	学习活动:组织并参与课程展演。 评价设计:采取教师观察反馈,学生互评、自评,家长评价相结合的方式。 (1)能够采用诗朗诵、演唱、绘画、话剧等方式合作展示与"爱班级"主题相一致的艺术作品,要富有感染力; (2)表演大方、动作自然、表情丰富、音量适中; (3)在展演中能与其他同学密切配合,完成自己承担的组织任务,保证展演活动的顺利进行

(十)审查课程实施保障条件

该步骤主要对下述几个方面进行审查,以确保课程实施有所保障:(1)有外出实践的机会;(2)有家长的支持和帮助;(3)相关书籍;(4)师生能够使用的照相机、摄像机、网络;(5)展演场所、服装、道具等;(6)有经验的专家和教师。

三、开发结果呈现

完成上述具体开发步骤后,对相关结果加以整理就形成了本学期的课程纲要(见表2.13)。考虑到学生是最主要的读者,为便于他们更好地理解本学期的课程之旅,课程开发小组最后决定尽量以学生的语言来呈现。

表 2.13 《爱的旅行》课程纲要

课程类型：校本课程　　　　课　时：28 课时
适用年级：小学五年级　　　设计者：齐玉芝、李丽娟

一、你要完成的目标

小朋友，祝贺你进入五年级。这个学期，老师将和你一起学习《爱的旅行》。看到这个题目，你可能会问：我们为什么要感恩？感恩该怎样从身边做起？

你们的学习过程将围绕感恩主题展开，感恩意味着心怀感激之情，乐意为他人奉献。这主要包括两方面要求：对自然、他人怀有感激之情；用一颗感恩的心为身边的人做自己力所能及的事情。为了更好地理解感恩，在学习过程中，你将完成下述具体要求。

- 通过小组合作，选择你关注的有意义的问题，并把问题转化为研究的课题，制定出较完善的活动方案。
- 通过小组合作，你能有条理地按照制定的活动方案开展活动，并根据实际情况调整活动方案。遇到问题时，你能在家长或老师的帮助下解决。
- 你能够用多种方式整理并展示研究过程和研究成果，别忘了 PPT 要 10 页以上，有目录、有总结，既包括研究过程，也包括研究结果，内容前后一致，紧扣研究主题，配置视频和音频。
- 你能用歌唱、绘画、配乐诗朗诵等方式配合 PPT 整理并展示研究成果，歌唱、绘画、配乐诗朗诵等的内容要与研究主题保持一致。
- 在汇报演示时，你能围绕主题进行展示，声音洪亮，语言流畅，姿态大方自然，站位合理无遮挡，有必要的肢体语言辅助讲解，能与其他同学进行互动；能紧紧围绕主题清楚明白地讲述，语言生动，语气、语调适当，能激发其他同学对爱与感恩的共鸣。
- 在同学汇报时，你能认真倾听别人讲话，了解别人的讲话内容，乐于参与讨论，敢于发表自己的意见，能抓住要点复述展示内容，有条理地说出自己的爱与感恩之情。

二、你的成绩认定

本学期我们会学习"爱家乡"和"爱班级"两大模块，每个模块都分为"爱的方案""爱的探索""爱的表达"三个单元。结合这些模块和单元，我们将从过程性评价（分值占总分的 60%）和期末汇报评价（分值占总分的 40%）两大方面评价你在本学期取得的学习成果，好好努力呀！

（一）过程性评价

过程性评价由课堂表现和阶段汇报构成，其中，课堂表现主要通过自评和同学互评的方式进行评价，分值占总分的 60%。相关评价标准可参考下表。

评价项目	分值		
	9～10 分	6～8 分	6 分以下
方案制定	活动目标紧紧围绕感恩主题；环节细致，环环相扣；人员分工合理，时间安排紧凑；方案清晰明了，组员都明白做什么、怎么做		活动目标没有紧紧围绕感恩主题；有粗略的人员分工及时间安排
实践探究	按照分工认真完成自己的任务，并及时与小组成员沟通自己的认识；在活动中，思考感恩主题与自己的关系，并付诸行动；能够在老师的指导下及时察觉活动中出现的问题，并及时修正；理解感恩主题与自己的关系，做一些力所能及的感恩之事		按照分工完成自己的任务；在活动中，思考感恩主题与自己的关系，能够在老师的指导下察觉活动中出现的问题；了解感恩主题与自己的关系，有做一些感恩之事的想法
成果整理	围绕感恩主题全面整理自己和同伴搜集的资料，共同商定成果展示的方式		整理自己和同伴搜集的资料
个人反思	明确自己与主题的关系，并能反思自己的不良行为，或提出今后的相关改进措施		基本明确自己与感恩主题的关系，但没有清楚地表达自己的感受

（二）期末汇报评价

期末汇报时，你们需要汇总两大板块的研究过程与结果，并与全班同学分享。老师和其他同学将对你们组的表现进行评价，相关评价要求可参考下面这个表格。

评价项目	分　值		
	16～20 分	10～15 分	10 分以下
探究方面	展示的探究活动内容充实，感恩主题渗透于探究过程中，也体现了一些感恩行动		展示针对课程主题的探究活动，活动具体明确
展示方面	能简练地概括展示内容，说出展示小组的优点和不足；成果有目录、内容、总结，三者之间有联系；合作展示与感恩主题一致的作品，能表达出爱与感恩之情；展示时，姿态大方、站位不遮挡；表演生动、有感情，能激发同学们的爱与感恩之情		能说出展示小组的优点和不足；成果有目录、内容、总结，展示与主题一致的作品；展示时，能略微激发同学们的爱与感恩之情
创意方面	展示方式活泼、新颖，引起同学们的浓厚兴趣，展示作品的艺术性强，给人以强烈的美感		展示方式比较活泼，展示作品的艺术性较弱

（三）学期成绩认定

学期总评成绩采取等第方式，共分为"优秀"（90 分及以上）、"良好"（80～89 分）、"加油"（79 分及以下）三个等级，希望你能勇夺"优秀"。如果你对自己的评价结果不满意，别忘了向老师申请再给你一次机会哦！

三、你将参与的学习活动

小朋友，本学期里将要学习的内容在总体上需要你经历下述基本的学习过程：（1）问题的选择：你们要善于从日常生活中发现问题；（2）主题的确定：你们要把发现的问题变成可以研究的主题；（3）活动方案的设计：可以小组或个人为单位大胆预设活动过程，充分考虑活动中会出现的问题和困难，并讨论解决方法；（4）活动过程的展开：小组或个人依据活动方案进行实践和探究，并注意收集和整理过程性资料；（5）研究成果的展示：最后要向大家汇报你们的研究过程与结果，别忘了好好准备呀；（6）反思与评价：总结活动过程的收获、问题、困难，反思原因，找到解决方法。请记住，学习过程中，你们要经常想想：为什么要感恩？感恩怎样从身边做起？

具体开展活动时，"爱家乡"和"爱班级"两大模块的学习活动与结构比较类似，你可参考下面这个学期准备实施计划中的"爱家乡"模块。

单　元	活动模块的主题与活动设计	
	主　题	活 动 设 计
爱的方案	确定研究主题 根据老师给出的三个问题，采取先个人思考后写出、小组内发表自己对家乡的了解和认识、小组代表发言、其他同学质疑补充、教师点拨的方式，确定个人或小组的研究主题（2 课时）	学习活动：思考如下三个问题，写出自己的认识。 （1）你对家乡临淄有哪些了解？ （2）你想了解家乡的哪些方面？ （3）你计划通过什么活动或方式了解呢？（汇报自己的思考，其他同学质疑、补充，小组确定研究的内容） （4）进行自评、互评活动
	制定活动方案 小组讨论，形成活动方案；交流、完善活动方案（2 课时）	学习活动：讨论研究的方式和步骤；按照老师提供的模板形成活动方案，全面设想活动过程，制定出能够依照执行的活动方案；汇报方案，其他同学评价，教师点拨；能够认真倾听发言，并发表自己的见解和补充；修改完善方案

		续表
爱的探究	汇报探究过程，完善探究思路 各小组汇报探究过程、收获、问题及困难；其他同学进行评价；教师根据汇报、评价情况进行讲解和点拨；小组根据同学们的评价和老师的点拨进行合作研讨，修改、完善综合探究思路（4课时）	学习活动：各小组汇报探究过程、收获、问题及困难；其他同学进行评价；认真聆听老师的讲解和点拨；小组根据同学们的评价和老师的点拨进行合作研讨，修改、完善综合探究思路；课后进行自评或互评活动
爱的表达	展示、述评、谈感受，教师点拨 各小组展示探究过程及成果，观众述评、谈感受；教师根据同学们的展示，进行讲解和点拨（3课时）	学习活动：各小组展示探究过程及成果，观众述评、谈感受；聆听老师的讲解和点拨；课后进行自评或互评
	课程展演的形式及分工 师生讨论课程展演的内容、组织分工、时间、地点等（1课时）	学习活动：讨论课程展演的内容、组织分工、时间、地点等；课后自评和互评
	课程展演 全体同学组织并参与课程展演（2课时）	学习活动：组织并参与课程展演；课中进行互评

小朋友，如果你有什么不清楚的地方，别忘了来找老师咨询哦，最后祝小朋友在新学期学习快乐！

齐玉芝老师、李丽娟老师

2017年2月15日

四、课程开发感悟

以上课程方案历经多次调整才得以完成，齐玉芝与李丽娟两位老师在回顾整个开发历程后，描述了以下三点让她们印象特别深的感受。

（一）从"大"处着眼

齐：我以前备课总是以一个课时为单位，缺乏对课程的总体把握，感觉落实核心素养不能这样备课。统整性目标、大问题给了我很大的冲击，刚开始时还不适应，现在完成课程设计后再回头看，感觉真的和以前不一样了，相信自己以后备课能通过统整性目标进行单元或多个课时的课程设计。

李：逆向设计思路真是不错，让我紧紧围绕统整性目标写教案。通过这次课程设计，我还有一点重要发现，就是怎么使目标、评价、教学一体化，我想这对课程设计是非常重要的。以前听专家说"目标是课程的灵魂"，现在我有点明白了，像核心素养、逆向设计这样大的概念或观念也是一种"目标"吧。

（二）明确目标之间的关系

齐：目标之间原来有不同层级，像核心素养这么高阶的目标想要落地，肯定要和课堂教学目标联系起来。以前我不知道，总以为自己上课的目标就已经指向核心素养了，不清楚它们之间到底经历了哪些"传递"过程。现在才知道，原来，核心素养、学科核心素养或课程目标、内容标准、统整性学期课程目标、大问题、单元目标、课时目标要一致地思考，这才是"正道"呀。

（三）建立教师合作团队

李：跨学科课程设计不好做，这次我和齐老师真是费了九牛二虎之力才在专家的指导下勉强完成。如果说对其他组的老师有什么建议的话，我觉得是要进行知识互补，就是说跨学科课程一定要各学科老师齐心协力，而且在目前教学竞争比较激烈的背景下，持续地开展跨学科课程设计与实施，建立合作机制是非常必要的。

第三章　迈向大观念的单元教学方案

学习目标

- ☑ 理解为何需要单元教学设计；
- ☑ 理解以大观念为中心的单元教学方案的基本设计要求；
- ☑ 能撰写出一份以大观念为中心的单元教学方案。

第一节　近十年单元设计的考察

近年来，我国为回应世界教育改革发展趋势和提升教育的国际竞争力，进一步推进了课程改革。《中国学生发展核心素养》、学科核心素养等相关理念与文本的相继出台在一定程度上昭示着我国进入素养导向的教育年代，这对广大教师和研究者提出了一大挑战，即如何在课堂层面开展素养导向的教学方案设计。2015年，全国第十届有效教学理论与实践研讨会为此展开专题交流，钟启泉明确地指出单元教学设计是教学设计的关键环节，并将其视为撬动课堂转型的一个支点[①]。在这样的背景与契机下，单元设计受到广泛关注，大量有关单元设计的理论和实践研究应运而生。中国知网数据库发表年度趋势图（2010—2019）显示，尽管单元设计乃最为热门的研究议题之一，然而，对于当前我国单元设计的研究到底处于什么样的水平，下一步该向哪个方向前进等问题，还未曾开展全面深入的基础性回顾工作。为更好地推进我国单元教学设计，极有必要对这些研究展开调查，从对现有研究的审视中获取有益的启示。

---

① 钟启泉. 基于核心素养的课程发展：挑战与课题[J]. 全球教育展望，2016（1）：3-25.

一、研究设计

（一）文献检索过程

本研究主要集中对在中国知网数据库（旧版）进行检索，大致检索过程如下：首先，将"单元设计"作为关键词，并将发表时间限定在 2010 年 1 月 1 日至 2019 年 12 月 31 日进行检索，共得到中文文献记录 8280 篇。然后对这些文献进行初步筛选，在文献分类目录中"选择社会科学Ⅱ辑"中与教育相关的内容（包括教育理论与教育管理、初等教育、中等教育），结果剩下 1185 篇文献。除去报纸等文献资料类型，剩余文献共 1170 篇，其中，期刊 923 篇、硕士论文 201 篇、博士论文 6 篇、国内会议文件 40 篇。接着，本研究做进一步筛选，筛选原则为：（1）文献以 CSSCI（南大核心期刊）及中文核心期刊（北大核心期刊）优先。CSSCI 有 33 篇，中文核心有 144 篇，二者重复共有 29 篇，重复的文献选其一，剩余 148 篇。（2）期刊文献中以综合或基础学科的单元设计文献优先。对收录在学科教学杂志的文献，保留基础学科文献，如语文学科单元设计、数学学科单元设计、科学学科单元设计等文献，去除音乐、美术、体育等学科单元设计的文献。（3）对于同一作者发表的相似文献，对比后选取较为完整的一篇。（4）在以上基础上略读剩余文献的摘要，去除内容有关教材单元重编的文献，只涉及单元设计的意义、价值、分类的文献，或者只简略论述操作过程的文献。结果发现，共有 56 篇文献与本研究主题密切相关，本研究主要以这 56 篇中文文献为基础开展。

（二）编码系统的设计与完善

为了更深入地对这些文献进行分类与分析，该研究事先构建了一个编码系统。如表 3.1 所示，文献的相关内容都有对应的编码，每个编码由两个代码组成（大写字母代表维度，阿拉伯数字代表子维度）。

表 3.1 编码系统表

维　度	子维度	编码
单元设计的界定 A	单元教学操作	A.1
	单元教学性质	A.2
单元设计的理论基础 B	建构主义	B.1
	认知主义	B.2
	教育技术学	B.3
单元设计与学科之间的关系 C	学科内整合	C.1
	跨学科整合	C.2
	超学科整合	C.3
单元目标确定 D	目标来源	D.1
	目标层级关系	D.2
	目标的整合性	D.3

续表

维　　度	子　维　度	编　码
学习活动设计 E	学习活动与目标是否一致	E.1
	学习活动是否含有评价设计	E.2
	核心学习活动设计	E.3
	学习活动的情境化与生活化	E.4
学习评价设计 F	评价与目标是否一致	F.1
	评价目的	F.2
	评价类型	F.3

注：斜体部分是在原有维度设计基础上加以改进和完善的部分。

之所以提出以上这些维度，主要基于如下思考：（1）单元设计的界定（A）和单元设计的理论基础（B）两个维度是理解单元设计的本质和内涵的必要内容，其中，理论基础有建构主义（B.1）和认知主义（B.2）。（2）单元设计与学科之间的关系（C），主要包含三个子维度：学科内整合（C.1）、跨学科整合（C.2）、超学科整合（C.3）。（3）从课程角度看，单元设计需要追问三个基本问题，即"到哪里去""怎么去那个地方""怎么知道到了那个地方"，由此增加单元目标确定（D）、学习活动设计（E）和学习评价设计（F）三个维度。其中，对于单元目标确定，还设计了目标来源（D.1）、目标层级关系（D.2）两个子维度；对于学习活动设计，需要考虑学习活动与目标是否一致（E.1）、学习活动是否含有评价设计（E.2），思考如何设计单元核心学习活动（E.3）、如何使学习活动情境化与生活化（E.4）；对于学习评价设计，结合"目标、学习、评价"一致性的原则，要考虑评价与目标是否一致（F.1）、评价目的（F.2）、评价类型（F.3）。

在具体分析的过程中，本研究发现有些维度在初步设计时较难或没有考虑子维度，必须结合具体的文献分析才能获取。例如，对于单元设计的界定，在分析阶段将其细分为单元教学操作（A.1）、单元教学性质（A.2）两个子维度。同时，也有部分维度在所筛选的文献中未被提及，如超学科整合维度（C.3）。另外，在文献查阅中出现一些重要的内容，如后来补充上的教育技术学（B.3）；又如，"大观念、大问题"虽不在原来的维度之中，但它们是非常前沿的、值得研究的重大内容，经过研究发现，可在"单元目标确定"下增设子维度"目标的整合性"（D.3），把"大观念、大问题"置于其中。如此一来，本研究在原有的基础上对编码系统表进行了一些改进和完善，得到上述包含六大维度及其子维度的分析框架，下文将据此展开具体分析。

二、研究分析

结合上述六大维度及其子维度，我们对筛选出的56篇文献进行研读，得到如下六方面的分析结果。

（一）单元设计的界定（见表3.2）

表3.2 单元设计的界定文献统计

类别	编码	数量（比例）	举例
单元教学操作	A.1	12（21%）	杨万松. 基于学科核心素养的单元教学设计——以"国家权力"学习为例[J]. 中学政治教学参考，2019（3）：30-32. 作者认为单元设计是围绕主题，对相关教学内容进行分析、整合与开发基础上的系统、可操作的单元教学方案
单元教学性质	A.2	8（14%）	李钧. 基于课程标准的中观教学设计——以《电和磁》主题单元设计为例[J]. 中学物理教学参考，2013（11）：58-61. 作者认为单元设计介于宏观课程设计与微观课时设计之间，使学生完成相对独立的学习历程

如表3.2所示，56篇文献中，研究者主要从两个角度界定单元设计。一是从单元教学操作的角度界定单元设计。有学者认为，单元设计是对某主题或单元的教学内容做出整体的教学活动设计，是从知识主线、学生认知规律、教学组织原则等方面探索提高教学有效性的一种教学设计。①这种视角往往还体现在教学实施环节的设计上。例如，刘权华等人认为，新式的单元设计通过分析、重组、整合等形式将具有某种"相关性"的内容组成单元后，通过有序规划教学诸要素（教学要素分析、教学目标确定、教学流程设计、教学流程实施及评价、反思与改进等）得以优化教学效果。②二是从单元教学性质的角度界定单元设计。崔允漷生动地用建筑单元类比教学单元，认为单元设计作为微型课程、学习单位，是一个相对独立的教育事件，能够让学生经历完整的学习过程③。邵朝友认为单元是课堂教学活动的基本单位，单元设计注重学习的建构性与完满性，指向范围介于学期内容与课时内容之间。④由此发展的单元教学方案乃中观层面的设计，上承学期课程纲要，是学期教学规划的"顶梁柱"；下接课时教案，是课时开发的背景条件以及课时计划的指引。

（二）单元设计的理论基础（见表3.3）

表3.3 单元设计的理论基础统计

类别	编码	举例
建构主义	B.1	孟亦萍. 让语文学习真正发生——基于真实情境的大单元教学实践[J]. 基础教育课程，2019（5）：12-16. 作者认为大单元设计的编制类型应该基于学生生活经验，以"主题—探究—表达"的方式进行项目型设计
认知主义	B.2	吉临荣. 基于物理学科核心素养的单元设计——以苏科版"初识家用电器和电路"目标和活动设计为例[J]. 物理教师，2019（7）：50-54. 作者认为"科学探究"的内容渗透在单元设计中，通过实验、亲手操作的发现学习可以提升学生的学科核心素养

---

① 刘权华. 高中数学单元教学设计存在的问题及对策[J]. 教学与管理，2019（4）：55-57.
② 刘权华. 高中数学单元教学设计存在的问题及对策[J]. 教学与管理，2019（4）：55-57.
③ 崔允漷. 如何开展指向学科核心素养的大单元设计[J]. 北京教育（普教版），2019（2）：11-15.
④ 邵朝友. 单元设计的理论与实践[R]. 北京：北京第一六六中学，2019.11.

续表

类　别	编　码	举　例
教育技术学	B.3	刘玉荣，刘倩．基于发展学生化学核心素养的教学设计——以"沉淀溶解平衡"为例[J]．化学教育（中英文），2019（10）：41-46． 作者认为"素养为本"的教学设计必须考虑 3 个基本的问题：教学目标（到哪去）、评价任务（到了没）、学习任务（怎么去）

注：由于理论基础维度基本在每一篇文献中都涉及且较隐晦，因此不做数量统计。

建构主义学习理论认为，学习是文化参与的过程，学习者通过借助一定的文化支持来参与某个学习共同体的实践活动，进而内化有关知识，掌握有关工具。在建构主义学习理论关照下，有研究提出单元学习的四大特征①：情境性、主体性、对话性和深度性，强调单元学习中学生的学习是建构自身知识的过程，而这种建构需要通过学习共同体的合作互动，基于真实的情境和问题来完成。钟启泉认为，建构主义的学习设计要体现六个要素（情境、协同、支架、任务、展示、反思），其单元学习设计应强调自我知识的建构，成为一种"活动单元"的设计。②科学—写作启发式教学的单元设计也秉持建构主义学习理论，强调教学应突出如下特点：（1）为学生学习创设合适的情境；（2）学生之间的沟通和论证是提高教学效果的关键；（3）教师应当提供适当的支持；（4）激发学生的学习兴趣是学生有效学习的前提；（5）促进学生新旧知识的建构能够帮助学生理解。③

认知主义学习理论强调学习的本质在于主动形成认知结构，主张创设问题情境，重视提出学生感兴趣的问题，让学生对问题体验到某种程度的不确定性。该理论下的教学目标在于理解学科的基本结构，这同样是单元学习的本质要求之一。许多学者在总结单元学习的特征时把深度学习作为重点，通常追求"三高"：高投入，强调学生自我的探究；高认知，强调培养学生的高阶思维能力，使其掌握学科的核心知识，理解学科的本质，进而改变认知结构；高表现，强调把知识应用到解决问题的实践中去。例如，戴晓娥在语文单元设计时注重"梳理与探究"环节，认为学习者能够通过梳理，将所学知识结构化后融入并改善原有的认知结构，并通过探究培养解决问题的能力。④

教育技术学的目的是通过系统方法设计以实现学习最优化，提出"三设问"：第一问关于到哪里去（目标），第二问关于是否到了那里（评价），第三问关于怎样到那里去（学习）。其中，教育目标引导学习活动的计划和实施，学习评价衡量教育目标的达成程度并给予学习活动及时的反馈，学习评价要与学习内容相一致，三者相互影响，形成整体。从"三设问"可引申出单元设计的"三重心"，即目标的确定、学习评价的设计和学习活动的设计。无论是李磊和安桂清提出的单元设计五步骤⑤（单元主题的确立、单元目标的设计、单元内容的选择、单元教学的实施、单元教学的评价）或是马兰提出的整体化有序设计单

---

① 熊梅，李洪修．发展学科核心素养：单元学习的价值、特征和策略[J]．课程•教材•教法，2018（12）：88-93．
② 钟启泉．单元设计：撬动课堂转型的一个支点[J]．教育发展研究，2015（24）：1-5．
③ 邵朝友，韩文杰，张雨强．试论以大观念为中心的单元设计——基于两种单元设计思路的考察[J]．全球教育展望，2019（6）：74-83．
④ 戴晓娥．大单元 大情境 大任务——统编语文教科书"新教学"设计与实践[J]．语文建设，2019（8）：9-13．
⑤ 李磊，安桂清．以单元为单位进行整体教学设计[J]．人民教育，2019（1）：52-55．

元教学五个基本步骤①（主题的形成、单元目标的确立、单元内容的选择、单元实施、单元评价），均将目标、学习和评价作为单元设计的重中之重。

（三）单元设计与学科之间的关系（见表3.4）

表3.4　单元设计与学科关系文献统计

类　别	编　码	数量（比例）	举　　例
学科内整合	C.1	46（82%）	戴晓娥. 大单元 大情境 大任务——统编语文教科书"新教学"设计与实践[J]. 语文建设，2019（8）：9-13. 作者认为从素养出发的完整的语文学习方案是大单元，这是基于语文学科内的单元设计
跨学科整合	C.2	1（2%）	何善亮. 如何在科学教育中开展STEM教育——基于美国 *Science Fusion* 教材工程技术教育特色的思考[J]. 教育理论与实践，2019，39（32）：42-46. 作者认为坚持科学教材整体设计，实现STEM教育的学科融合
超学科整合	C.3	0（0）	无

从实际情况看，单元设计与学科之间的关系存有两种类型：学科内整合、跨学科整合。学科内整合强调在某一门具体学科下构建起纵向或横向的知识联系。56篇文献显示（见表3.4），相关基础学科的单元设计皆为学科内整合，其中，语文学科13篇、英语学科1篇、政治学科5篇、历史学科1篇、地理学科3篇、数学学科8篇、物理学科7篇、化学学科4篇、生物学科4篇。跨学科整合则利用多门学科相互关联来建构课程，注重通过综合应用知识来提高学生解决实际问题的能力，相关文献②有1篇且与STEM教育相关，它强调科学、技术、工程、数学之间的有机整合，体现学科的融合。在该文献中，作者在跨学科整合的单元设计中引入大观念，在选题上更加重视真实问题的研究与解决，注重培养学生的高阶思维能力。

（四）单元目标确定（见表3.5）

表3.5　单元目标确定文献统计

类　别	编　码	数量（比例）	举　　例
目标来源	D.1	21（38%）	孟亦萍. 让语文学习真正发生——基于真实情境的大单元教学实践[J]. 基础教育课程，2019（10）：12-16. 作者认为教师要深入研究语文核心素养、课程标准、学段特点和学习内容，确定单元教学目标
目标层级关系	D.2	22（39%）	侯学萍，陈琳. 小学数学单元教学的整体设计[J]. 教学与管理，2018（10）：43-45. 作者认为单元设计的目标分为单元目标和分课时目标的确定，单元目标要站在整体高度上通盘规划

---

① 马兰. 整体化有序设计单元教学探讨[J]. 课程·教材·教法，2012（2）：23-31.
② 余胜泉，胡翔. STEM教育理念与跨学科整合模式[J]. 开放教育研究，2015（4）：13-22.

续表

类别	编码	数量（比例）	举例
目标的整合性	D.3	24（43%）	布素蕾，陈德收."处理民族关系的原则"教学设计[J]. 思想政治课教学，2018（12）：56-63. 作者从知识、能力和情感态度层面分析单元目标的整合性

单元设计的目标来源可分为直接来源和间接来源。许多学者认为，课程标准是国家层面的教学指导性文件，是单元设计的直接目标来源。例如，马兰认为教学设计者要在课程标准的框架内将学科内容标准条目细化为单元教学目标。①也有学者在确定单元目标时会选择核心素养、学科核心素养等既有目标。另外，单元教学设计的目标还可来自大概念或大观念（Big Ideas，具体内涵见本章第二节）。在科学—写作启发式单元教学设计中，可把在整理单元概念图基础上得到的大观念及其子观念直接作为单元目标。②对于间接来源，确定单元目标的参考依据较多且复杂，教材分析、学情分析与教师经验是最为常见的参考依据。

通过对单元目标来源的分析可以发现，存在着核心素养—学科核心素养—课程标准或内容标准—单元目标的链状目标层级，许多学者提出有必要将之继续分层。例如，马兰将单元目标和课时目标的关系视为整体与部分，她认为只有通过每一部分的落实才能最终实现整体③，而熊梅和李洪修认为甚至可以将单元目标分解成更为细小的学习活动目标④。也有学者从其他角度对单元目标进行分解，如刘艳平和熊梅将单元目标从基础性与发展性两个层次进行分解，体现基础性目标保底，发展性目标不封顶。⑤综合以上论述，我们可以得到"核心素养—学科核心素养—课程标准或内容标准—单元目标—课时目标—活动目标"的目标层级。

单元目标的整合性往往外化于单元目标的呈现中。一是体现于有关学习目标分类，常见的有布鲁姆的教育目标分类学（2001）、我国的三维目标分类。二是体现于学科核心素养，如英语课程标准所规定的"语言能力、文化品格、思维品质、学习能力"等英语学科核心素养⑥。三是体现于大观念或大概念，或者把单元层面大问题或主要问题纳入单元目标范畴来设计，它们往往代表了单元目标的总体指向。例如，《指向核心素养的教学方案设计：大观念的视角》一文指出：单元设计是指向核心素养的，学科核心素养是核心素养在学科层面的体现，而大观念的理解和应用是学科素养的表达，代表的是学科本质。而大问题或主要问题是指相应于大观念的问题，它是大观念的问题化表达，其作用是作为学生学

---

① 马兰. 整体化有序设计单元教学探讨[J]. 课程·教材·教法，2012（2）：23-31.
② 邵朝友，韩文杰，张雨强. 试论以大观念为中心的单元设计——基于两种单元设计思路的考察[J]. 全球教育展望，2019（6）：74-83.
③ 马兰. 整体化有序设计单元教学探讨[J]. 课程·教材·教法，2012（2）：23-31.
④ 熊梅，李洪修. 发展学科核心素养：单元学习的价值、特征和策略[J]. 课程·教材·教法，2018（12）：88-93.
⑤ 刘艳平，熊梅. 小学个性化教学课程开发实践探索——以五年级"长方体的体积"单元为例[J]. 中国教育学刊，2015（3）：65-70.
⑥ 邵晓霞，王菁. 基于核心素养的中小学英语课程与教学中减负之实现[J]. 中小学教师培训，2017（6）：55-59.

习的入口。①葛艳琳认为，大观念视角下的单元设计应该由一系列逻辑关系紧密的问题链支撑②，这些问题链不仅能够体现主题内容，创设教学氛围，引领教学过程，还能够落实学科核心素养。

（五）学习活动设计（见表3.6）

表3.6 学习活动设计文献统计

类别	编码	数量（比例）	举例
学习活动与目标是否一致	E.1	10（18%）	马兰. 整体化有序设计单元教学探讨[J]. 课程·教材·教法, 2012（2）：23-31. 作者认为不同类型的目标要求不同的学习活动（不同的教学方法）
学习活动是否含有评价设计	E.2	12（21%）	熊梅，李洪修. 发展学科核心素养：单元学习的价值、特征和策略[J]. 课程·教材·教法, 2018（12）：88-93. 作者认为学生个体的差异会出现不同的学习样态，因此对学生的评价需要贯穿他们的整个学习过程
核心学习活动设计	E.3	22（39%）	江跃. 大单元设计，指向真实任务的积极言语实践——统编本七年级下册第六单元教学实践与思考[J]. 语文建设, 2019（11）：7-11. 作者将"勇探秘境"主题下的单元活动设计分为四个任务，每一个任务又包含若干活动
学习活动的情境化与生活化	E.4	29（52%）	江跃. 大单元设计，指向真实任务的积极言语实践——统编本七年级下册第六单元教学实践与思考[J]. 语文建设, 2019（11）：7-11. 作者在追求语文学习与真实生活的关联原则下提炼出"勇探秘境"主题来整合单元教材

学习活动与目标保持一致是有效单元教学的必要条件。刘艳平和熊梅将单元目标分解为基础性目标与发展性目标，在不同层次的目标下须设计不同层次的学习活动以适应学生个性化与多样化的需求。基础性的学习任务用于达成基础性目标，发展性的学习任务用于达成发展性目标。③而建立学习活动和单元目标的联系要考虑：（1）单元目标一定要具体且清晰；（2）单元目标是学习活动设计的考虑要素之一；（3）单元目标对学习活动的影响有时是间接的。一部分研究者强调学习活动设计可以大观念为抓手，在科学—写作启发式教学中，单元设计先由概念图引出的大观念及子观念作为单元目标，然后围绕它们设计学习活动④，这实际上仍是探讨单元目标与学习活动的关系。

许多学者在谈到学习活动设计时常会专门提及学习活动是否含有评价设计，如崔允漷

---

① 邵朝友，崔允漷. 指向核心素养的教学方案设计：大观念的视角[J]. 全球教育展望, 2017（6）：11-19.
② 葛燕琳. 关注大概念 立足单元设计 发展核心能力[J]. 地理教学, 2019（15）：29-32.
③ 刘艳平，熊梅. 小学个性化教学课程开发实践探索——以五年级"长方体的体积"单元为例[J]. 中国教育学刊, 2015（3）：65-70.
④ 邵朝友，韩文杰，张雨强. 试论以大观念为中心的单元设计——基于两种单元设计思路的考察[J]. 全球教育展望, 2019（6）：74-83.

提出评价不是游离于学习之外的，要将评价任务嵌入教学过程中。①也有一部分学者将评价任务系列化。例如，在语文学科中，有学者认为在单元目标引领下，需要设计出富有逻辑联系的、指向深度阅读和深度写作的系列学习任务。②熊梅和李洪修认为，对学生的评价需要贯穿他们的整个学习过程，评价的变量可以是学生使用的学习方法、思考问题的思维方式、学习态度等，也可以是学生在课堂活动中的语言、行为、报告表现和完成情况。③

不少研究者在设计单元活动时会专门设计核心学习活动，这一点在学科内整合中表现得更为突出。例如，王云峰在小学语文课程实施中围绕"上学真快乐"这一学习主题安排两个学习任务、六组具体的学习活动。④孟亦萍则以"我的旅行手账"为任务情境，分别设置了三个任务：我的旅行路线、边走边欣赏、请到我的家乡来，每个任务下又分为三个学习活动。⑤虽然在单元设计中有不同的任务以及不同的活动个数，但始终遵循大任务推动小活动，小活动带动真实践的设想。

基于情境化和生活化的单元设计是当前研究的重点内容。钟启泉认为，基于"核心素养"的单元设计的基本诉求就是寻求真实性课题和探究式课堂⑥。崔允漷也将单元教学设计中真实的情境与任务作为重点，指出指向素养的学习必须是真实学习，真实学习必须要有真实情境与任务的介入。⑦在实际的单元设计中，通常需要以生活化的真实情境为背景、以问题化的探究为方法才能引起学生对知识的加工和思考，进而产生知识的建构，形成具有迁移性质的问题解决能力。王云生和俞建峰在化学学科的单元设计中提出，单元主题要密切联系真实的自然、社会和生活，即在"生活中学"，在设计过程中强调实验和探究的方法，即在"探究中学"，最后的目标是要让学生学会用化学的视角分析生活中的常识，解决生活中复杂的、不确定的难题。⑧总体来说，这些研究并未具体深入地论述如何将学习活动情境化与生活化，而这恰恰是目前教学实践所急需的。

（六）学习评价设计（见表 3.7）

表 3.7　学习评价设计文献统计

类　　别	编　码	数量（比例）	举　　例
评价与目标是否一致	F.1	12（21%）	F.1 林修愚. 指向生物学学科核心素养的单元备课[J]. 生物学教学，2019，44（6）：33-35. 作者强调单元设计教、学、评的一致性，尤其要基于单元目标，统筹评价的内容和形式

---

① 崔允漷. 如何开展指向学科核心素养的大单元设计[J]. 北京教育（普教版），2019（2）：11-15.
② 高翀骅. 在辩驳中体会学习之道[J]. 中学语文教学，2019（11）：8-11.
③ 熊梅，李洪修. 发展学科核心素养：单元学习的价值、特征和策略[J]. 课程·教材·教法，2018（12）：88-93.
④ 王云峰. 为学生语文素养的发展创设更广阔的空间——小学语文课程实施新探索试评[J]. 语文建设，2019（4）：4-8.
⑤ 孟亦萍. 让语文学习真正发生——基于真实情境的大单元教学实践[J]. 基础教育课程，2019(10)：12-16.
⑥ 钟启泉. 单元设计：撬动课堂转型的一个支点[J]. 教育发展研究，2015（24）：1-5.
⑦ 崔允漷. 如何开展指向学科核心素养的大单元设计[J]. 北京教育（普教版），2019（2）：11-15.
⑧ 王云生. 建构基于学科核心素养培养的教学单元[J]. 化学教学，2017（3）：8-12.

续表

类　别	编　码	数量（比例）	举　例
评价目的	F.2	14（25%）	F.2 孟亦萍.让语文学习真正发生——基于真实情境的大单元教学实践[J].基础教育课程,2019（10）:12-16. 作者认为评价是大单元教学中的重要构成部分，包含形成性评价与总结性评价
评价类型	F.3	21（38%）	F.3 韩梅.基于难点突破的活动单元设计和操作[J].中学政治教学参考：上旬,2015（4）:33-34. 作者在评价环节针对学生小组展示进行点评，此为典型的表现性评价

　　目标、学习、评价三者的统一是有效教学的条件之一，因此单元设计的评价需要和目标相匹配，不同类型的目标要有不同的评价方法。在 56 篇文献资料中，许多学者特地强调评价的重要性。例如，吕世虎等人认为，在单元教学实施之后，依据标准去评价学生的学习成果时，单元评价要注重评价标准与教学目标的一致性，评价活动应贯穿整个教学活动之中。[①]以上文献资料中极少涉及关于评价与目标相一致的方法和评判手段，只有戴晓娥对此有相对详细的论述，她提出每个单元的评测都应从"考查指向""涉及的课程内容""答题要求""情境设计理由""考查水平""题目难度预估""不同水平学生作答及评分标准""材料来源"八个方面清晰地叙写[②]，以便在一定程度上使得评价有据可查、有章可循。

　　评价的目的包括监控学生的学习效果、检验学生的学习成果、为调整教学提供建议等，可分为对学习的评价与促进学习的评价。文献显示，多数单元设计的评价都是促进学习的评价。促进学习的评价有三大原则[③]：（1）发展性原则。对学生的学习情况不能仅以好坏、对错来评判，重点在于强调形成性作用。（2）学生中心原则。主体参与性是促进学生学习的原始性机制。（3）全面性原则。对学生的评价不能局限于课程知识，各方面都可作为评价对象。虽然单元设计的评价强调过程和表现，但在实际研究中，对于学习本身的评价也是不可或缺的。邵晓霞和王菁在英语单元设计中提到，对学生的课业评价大多聚焦于他们的课业成绩，教学评价中，学生的英语考试成绩占据主导地位被视为硬性的要求。[④]

　　对学生学业成就的评价大致可分为两大类型，即传统标准化纸笔测试与表现性评价。在单元设计中，表现性评价较为常见，它注重情境，强调过程与结果，往往需要在明确目标后，设计表现性任务与评分规则或评价标准。不少文献都提及评价标准的重要性，如熊梅和李洪修从情感态度、数学思考、问题解决、知识技能四个维度拟定了单元评价指标：根据单元核心目标，按照 A（超标水平）、B（达标水平）、C（还需要努力）三个等级制

---

① 吕世虎，吴振英，杨婷，等.单元教学设计及其对促进数学教师专业发展的作用[J].数学教育学报，2016（5）：16-21.
② 戴晓娥.大单元 大情境 大任务——统编语文教科书"新教学"设计与实践[J].语文建设，2019（8）：9-13.
③ 赵明仁，王嘉毅.促进学生发展的课堂教学评价[J].教育理论与实践，2001（10）：41-44.
④ 邵晓霞，王菁.基于核心素养的中小学英语课程与教学中减负之实现[J].中小学教师培训，2017（6）：55-59.

定单元目标的评价标准。[①]表现性评价在 STEM 课程中体现得最为明显,如有学者提出了四种类型的评价工具[②]:第一类是收集学生在给定任务过程中的作品;第二类是给学生提供展示的机会;第三类是学生利用外部表征生成工具呈现对大观念和学习活动过程的理解;第四类是采用观察、访谈、测试、论文、操作等方式考查学生对大观念和学习过程的理解。

三、讨论与建议

上述研究发现表明,我国单元设计在总体上初具雏形,有了一定的概念框架与实践经验,较好地体现了目标、学习、评价的一致性,通过大单元、大任务、大问题的设计还体现出了知识整合的内在诉求,但如果要进一步推动单元设计发展,至少还需做出如下努力。

(一)拓宽单元设计的定位

综上所述,单元设计乃定位于素养导向,本质上要求知识整合。对于这种整合,我们应认识到单元设计必须超越单元的限制,需要考虑单元与单元之间是否存在某种联系、是否有更上位的主题。对单元之间的关系,应用恰当的方式实现整体化和科学化的处理,从学期来看,不同单元需要整合成一个整体,即学期课程纲要。另外,这种整合不能局限于单一学科,它也可以是跨越学科的。我国过去重视分科课程,由此发展的单元设计多为学科内整合。但知识本身是没有界限的,学科是人类为了便于深入研究才人为划分的,单元设计需要超越学科边界。事实上,我们完全可以从一些涉及单元设计的跨学科或超学科课程中吸取相关经验并用之于单元设计。例如,德雷克(S.M.Drake)采取逆向设计开发课程,先是确定了课程目标"大观念或大概念、大理解"(Big Ideas,Big Understandings)、"大技能"(Big Skills)、"态度、信仰、责任担当"(Attitudes,Beliefs,Responsbilities),接着设计了大的统整性评价任务(Big Integrated Assessment Task),然后通过大问题或主要问题(Big Questions)来组织教与学活动。[③]这些研究能拓宽单元设计的思路,重新定位单元设计。

(二)研发单元设计的工具

整合的定位不能停留在口号上,需要体现于单元设计的各个具体操作方面。这种整合性质首先要求单元目标具有统整性,将此作为方向以能够培养具有素养的学生。在此基础上,单元设计需要将目标统整作为纽带,实现对评价与学习的统整。要实现这种整合需要必要的技术,否则单元设计无法深入推进。以 STEM 为例,其教学设计以大观念为中心展开,要达成如此意图,首先要按整合程度把大观念划分为学科大观念(Within-discipline Big Ideas)、跨学科大观念(Cross-discipline Big Ideas)、超学科大观念(Encompassing Big Ideas),

---

① 熊梅,李洪修. 发展学科核心素养:单元学习的价值、特征和策略[J]. 课程·教材·教法,2018(12):88-93.
② 李刚,吕立杰. 大概念课程设计:指向学科核心素养落实的课程架构[J]. 教育发展研究,2018(2):35-42.
③ DRAKE S M. Creating Standards-Based Integrated Curriculum: Aligning Curriculum, Content, Assessment, and Instruction[M].Corwin Press, Crowin Press, 2007:35.

接着从学科中提取大观念与大问题，统整出总体课程的大观念与大问题，然后以此引导教学设计。[①]就我们所查到的文献来看，国内一些研究虽然也提出了大观念、大问题、大任务，但并未深入探讨"到底怎样才'大'""如何得到大观念、大问题与大任务并把它们融入各个教学环节"等问题。又如，许多研究都重视情境设计，但都未曾回答情境有何类型、由何构成、如何设计的问题。完全可以预见的是，如果回避这些问题，我们将更多地停留在理念层面，所设计的单元教学方案将不能真正实现素养导向的教育。就此而言，对下述几个议题的探讨尤显迫切：如何设计统整性目标？如何进一步寻找并获取大观念？如何将单元目标问题化？如何将学习活动情境化与生活化单元核心？如何开发统整性单元评价任务以及如何确保这些问题之间保持内在的一致？

（三）加强单元设计的理论建设

文献检索显示，目前我国单元设计的研究主体主要为一线中小学教师，他们为单元设计提供了鲜活的案例与丰富的实践操作经验，但也存在研究深度不足的问题，因此加强单元设计的理论建设是必然诉求。我们认为，要加强单元设计的理论建设，首先，要加强知识基础研究。我国的单元设计研究大多从教育心理学出发，并未具体全面地展开论述，也没有考虑其他的一些知识基础，如美学理论。其次，需要系统梳理现有的单元设计模式，借鉴与吸收被实践广泛接受的教学模式，尤其是逆向设计、三元教学与评估设计、论证式教学设计、四元教学设计、波纹环状教学设计，如此可使得单元教学设计模式多样化，更加具有学科个性化。最后，当前国内单元设计术语众多，如大问题、基本问题、核心问题、主要问题，大观念、核心概念、基本概念，为了便于学术交流与研究专业化，有必要统一规范术语，形成必要的共识。

第二节 单元教学方案设计：大观念的视角

随着《中国学生发展核心素养》和高中各门学科课程标准的正式出台，核心素养和学科核心素养这两个广受人们热议的概念被推向新的高度，成为未来学校教育的方向。就广大中小学教师而言，这两种素养的引入对教师提出了新的要求，教学方案的变革是他们必须面对的新课题。本节主要聚焦于单一学科课程，立足于我国的课程教学传统，从大观念角度探讨学科课程教学方案的设计，希冀为引领实践的变革提供一种探索性的思路或框架。

一、何谓大观念

就中文字面意思来看，大观念与大概念、大想法、大思想等词语同义，它能让我们联

[①] Chalmers C, Carter M, Cooper. T, etc. Implementing "big ideas" to advance the teaching and learning of science, technology, engineering, and mathematics (STEM)[J]. International Journal of Science & Mathematics Education, 2017, 15(1): 25-43.

想起诸多远大的抱负。在课程与教学领域，大观念（Big Idea）则有着特定的内涵，可追溯至六十多年前布鲁纳（J. S. Bruner）倡导的学科结构运动。

这场举世瞩目的运动源于一种假定：任何学科都拥有一个基本结构。在布鲁纳看来，掌握某一学科的结构就是以允许许多事物有意义且相互关联的方式来理解该学科，习得结构就是学习理解事物如何相互关联。以代数为例，它是一种将已知数和未知数安排成等式的方法，利于使得未知数变得可知。代数的三个基本要素包括交换、分配、结合，当学生掌握了这三个基本要素，就会知道要解决的"新"等式其实一点也不新。①据此，我们不难理解布鲁纳的螺旋式课程的设计思想——围绕某些核心概念展开课程设计，在不同年段一再重现这些概念，因为这有助于设计连续、集中、一致的课程，同时也有助于发生学习迁移。

不久之后，菲尼克斯（P. Phenix）也指出学科"代表性概念"对课程设计的重要性，他认为这些概念能使学习既有效能又有效率。这是因为，如果一门学科有某些特色概念可以代表它，那么彻底地理解这些概念就等于获得整个学科的知识；如果一门学科的知识是按照某些模式而组织的，那么完全理解这些模式足以使得许多符合学科设计的特定要素变得清晰。②这种观点近来也得到许多学习研究的支持，如专家面临问题时会先寻求对问题的理解，而这涉及对核心概念或大观念的思考。"新手"常常较不可能依据大观念组织知识，他们通常通过搜寻正确公式以及符合其日常直觉的恰当答案来处理问题。③

1998年，埃里克森（H. L. Erickson）明确指出大观念是一种抽象概括的产物，它们是在事实基础上产生的深层次的、可迁移的观念，是对概念之间关系的表述，具有概括性、抽象性、永恒性、普遍性的特征。④2004年，威金斯和麦克泰（G. Wiggins & J. McTighe）对大观念做出了更为系统的论述。他们认为，大观念是对个别的事实和技能赋予意义和联结的概念、主题、问题。⑤大观念不是我们平常所说的基本概念，它是居于学科"核心"的观念，而基本概念往往被视为后续学习的基础。威金斯和麦克泰认为，大观念的表现形式可以多种多样：一个词或两个词（如平等）、主题（如善良战胜邪恶）、持久的论辩和观点（如保守对自由）、自相矛盾之说（如离家以找寻自我）、理论（如进化论）、背后的假定（如市场机制是理性的）、理解或原理（如形式随功能而定）、一再出现的问题（如我们能进行有效证明吗？）。⑥显然，威金斯和麦克泰认为的大观念指向思想或看法，可以是概念，也可以不是概念，这已超越前述学者的观点。在他们看来，大观念是理解的基础素材，可以被想象成是有意义的概念工具，这些概念工具使学生将若不联结就会分散的点状知识联结起来。这样的观念超越了个别的知识，可应用到学科之内或以外的新情境。简要地说，大观念可归纳为：一种有焦点的观念"透镜"，透视任何要学习的内容；通过联结及组织许多事实信息、技能、经验来提供意义的广度，以作为理解之关键；需要"超越内容"的教学，因为单纯的内容教学对学习者而言，其意义或价值极不明显；有很大的学

---

① BRUNER J S. The Process of Education[M]. Cambridge: Harvard University Press, 1960: 7-8.
② PHENIX P. Realms of meaning[M]. New York: McGraw-Hill, 1964: 232.
③ BRANSFORD J D E, BROWN A L E, COCKING R R E. How People Learn: Brain, Mind, Experience, and School[M]. Washington National Academy Press, 1999: 342.
④ ERICKSON H L. 概念为本的课程与教学[M]. 兰英，译. 北京：中国轻工业出版社，2003：94.
⑤ WIGGINS G, MCTIGHE J. 重理解的课程设计[M]. 赖丽珍，译. 3版. 台北：心理出版社，2011：XIX.
⑥ WIGGINS G, MCTIGHE J. 重理解的课程设计[M]. 赖丽珍，译. 3版. 台北：心理出版社，2011：7.

习迁移价值，在一段时间之内，可应用到许多其他探究主题或问题上。①

2010年，哈伦（W. Harlen）等人编著了《科学教育的原则与大概念》，着重从概念的层面探讨大观念，明确提出14项科学教育的大概念（即大观念）。在该书中，大观念被视为适用于一定范围内物体与现象的概念，如生物体需要经过很长时间的进化才能形成在特定条件下的功能。与此相对应，小概念只能应用于特定观察与实验，如蚯蚓能很好地适应在泥土中的生活。然而，概念的大小是不同的，中等程度的概念可连接到较大的概念，而较大的概念可连接到更大一些的概念。依此类推，只要能分解出更小概念的概念都可被称作大观念，因此大观念只是一个相对的概念。一个概念之所以成为大观念，它需要满足：能被普遍运用；能通过不同内容来展开，可以依据关联度、兴趣和意愿来选择内容；可以运用于新的情境，能够使学习者理解他们一生中可能会遇到的情况和事件，即使是学习者目前尚不知道的。②在此必须指出，哈伦等人的大观念与威金斯等人的大观念有所不同：哈伦等人主要探讨宏观层面的课程问题，用大观念作为课程目标的思路重构新的科学教育体系，而威金斯等人的探讨主要在微观层面，即在基于课程标准的前提下，用大观念的方法探讨单元或主题教学的设计。就大观念本身而言，前者比较严密，后者相对松散；前者的贡献在课程领域，后者的贡献在教学领域。③本章主要聚焦于微观层面的大观念。

以上这些代表性观点启示我们，在地位上，大观念居于课程的中心位置，集中体现课程特质的思想或看法；在功能上，大观念有助于设计连续、集中、一致的课程，有助于发生学习迁移；在性质上，大观念具有概括性、永恒性、普遍性、抽象性；在范围上，大观念是个相对概念，意指适用较大范围的概念；在表达方式上，大观念有多种表现形式。

二、为何以大观念为抓手落实核心素养

考虑到大观念所具有的独特属性，它们非常适合于落实学科或学生核心素养，这至少可以从如下三个方面做出更为具体的解释。

（一）大观念的理解与运用体现出核心素养的本质要求

作为统整性素养，学生核心素养的实质要求学生能解决综合性的问题，各门学科成为落实核心素养的重要载体，学科课程目标或学科核心素养可视为核心素养在学科层面的具体化。在此，有个问题值得深思，即在目标层面上，大观念与核心素养到底是如何发生联结的？

大观念是一种观念，其要求不能代表核心素养的要求，但由于其居于学科概念的中心地位，因此从操作的角度看，理解与运用大观念体现了一门学科比较重要的学习目标，它代表了一门学科的课程目标或学科核心素养的要求，后者恰恰就是核心素养要求在学科层面的体现。从实践的观点来看，概念并非仅仅用语言来表达的定义，对概念的理解与运用才是我们所欲达到的学习目标。我们对世界的概念性把握并不只是表现为我们能构造正确

---

① WIGGINS G, MCTIGHE J. 重理解的课程设计[M]. 赖丽珍，译. 3版. 台北：心理出版社，2011：71.
② 温·哈伦. 科学教育的原则与大概念[M]. 韦钰，译. 北京：科学普及出版社，2011：20.
③ 崔允漷. 大观念及其课程意义[J]. 上海课程教学研究，2015（10）：3-8.

的关于世界的命题,在根本的意义上,它体现在某些形式之中。假如某人自称掌握了一个概念,他必须被认为是一个有能力实施内含该概念的某些既定行动的人。[1]不言而喻,在学科构成中,大观念可代表学科核心概念,大观念的理解及其在应用大观念解决问题上的表现体现了学科课程目标的要求。考虑到当今学科核心素养代表了学科课程目标,因此大观念的理解与运用直接体现了学科素养的要求。这种认识启示我们,可用学生对大观念的理解和应用作为学科素养的表达,而学科核心素养则是核心素养的集中体现。

(二)促进学习迁移的大观念有助于落实核心素养

大观念能有效地组织起零碎化的学科知识与技能,有助于学生超越特定的情境去学习,可应用于各种具体情境中。学生一旦把握了大观念,就可将其应用于各种情境,问题解决过程中所体现的大观念的学习要求形成了学生必须达成的目标。当学生在思考从学习主题中引出的可迁移观念和问题时,大观念使得他们的思维超越了事实和活动,达到更高的层次。

核心素养具有很强的概括性,其落实体现在学生解决各类问题的过程中。这种"类素养"显然不能局限于特定情境,而要适用于不同情境,这实际上描述出了核心素养所具有的迁移特征与诉求。在这一点上,大观念具有得天独厚的优势,因为它们所具备的概括性、永恒性、普遍性、抽象性与核心素养的迁移要求可谓无缝对接。

(三)隐含主要问题的大观念架构起指向核心素养的教学

若要使学生理解与运用大观念,教师需要创设并组织相应的学习活动,这些学习活动需要学生通过问题解决的方式来进行,这是因为大观念的理解与运用本身就需要在问题探究中落实。例如,对于大观念"光具有波的性质",可设置对应的问题"在哪些方面,光的作用就像波?",这种对应于大观念的问题可称为主要问题。如果某个问题被视为主要问题,必须满足基本条件:针对大观念和核心内容引起相关的真实探究;启发深度思考、热烈讨论、持续地探究以及新的理解和更多的问题;要求学生思考其他的选择、权衡证据、支持自己的概念、证明自己的答案;激发学生对大观念、对假设,以及对以前的课堂学习进行重要的、持续的重新思考;激发学生对之前的学习和个人经验进行有意义的联结;使学生自然而然地重视概念——产生将概念迁移到其他情境和学科的机会。[2]

可见,主要问题的功能是作为学习入口,通过这个入口,学生可以探究关键的概念、主题、理论等,进而深化对大观念的理解。当然,主要问题不仅能引发学生有效地理解,它也是产生有效教学内容的"方法"。在大观念视角下,主要问题以大观念为"路标",促进学生掌握理解与运用大观念所需的多种技能的复杂行为表现。表 3.8[3]为以主要问题为线索组织的单元教学。

---

[1] 郁振华. 人类知识的默会维度[M]. 北京:北京大学出版社,2012:38.
[2] WIGGINS G, MCTIGHE J. 重理解的课程设计[M]. 赖丽珍,译. 3 版. 台北:心理出版社,2011:72.
[3] DRAKE S M. Creating Standards-Based Integrated Curriculum: Aligning Curriculum, Content, Assessment, and Instruction[M]. Corwin Press, Crowin Press, 2007:124-127.

表 3.8　以主要问题为线索组织单元教学的案例（节选）

主要问题：为什么讲故事是重要的？	
学习活动 1：教学活动	学习活动 2：穿插的评价
用动漫"绿色森林"介绍寓言； 开展寓言书展； 要求学生描述自己与同学； 描述童话中的人物性格； ……	任务：讨论 工具：教师观察学生 任务：制作图表 工具：轶事记录 ……

如果可能的话，可用不同层面的主要问题组织教学过程，如表 3.9[①]所示，可把学期或学年层面的主要问题分解为各个单元层面的主要问题。

表 3.9　不同层面的主要问题举例

学期层面的主要问题	单元层面的主要问题
不同文化如何导致冲突？	什么是冲突？ 在 1776 年的美国人对英国法律抗议中，文化因素如何发挥作用？ 如何在冲突中区分不同文化？
系统中不同模式是怎样显示出来的？	什么是变量？ 什么是方程组？ 你将如何解决二元一次方程组问题？
价值观如何影响决策？	价值观在你的生命中扮演着什么角色？ 汤姆的决定是怎样展现出其想法的重要性的？ 核心价值观与决策如何关联？

三、如何用大观念设计指向核心素养的教学方案

教学方案包括学期或学年课程纲要、单元或模块课程纲要、课时教案。由于课时教案一般很难体现大观念思想，因此运用大观念落实核心素养的教学方案主要指前两者。实际操作时，运用大观念设计指向核心素养的教学方案离不开如下五项关键行动。为便于读者理解，论述过程中将穿插一个案例加以说明。

（一）选择核心素养、学科核心素养等既有目标

在我国现有条件下，国家层面出台了核心素养、内容标准相关文件，而高中各门学科核心素养已公布，其他年级段可加以借鉴，三者为运用大观念设计教学方案提供了既有目标。

例如，小学语文二年级上册第一单元《美丽的秋天》（人教版，2001）涉及有关秋天的篇章和语文综合性学习，进行教学方案设计时，可把"人文底蕴""学会学习"作为指向的核心素养，选择"语言建构与运用""审美鉴赏与创造"[②]作为对应的两项学科素养，进而

[①] DRAKE S M. Creating Standards-Based Integrated Curriculum: Aligning Curriculum, Content, Assessment, and Instruction[M]. Corwin Press, Crowin Press, 2007:192.
[②] 教育部学科核心素养测试综合组. 普通高中各学科核心素养测试总报告[R]. 北京，2016.

为此摘选匹配的内容标准[①]：（1）能按笔顺规则用硬笔书写，注意间架结构；培养学生良好的写字习惯，写字姿势要端正，书写要做到正确、规范；学习独立识字；能借助汉语拼音认读汉字，学会用音序查字法和部首查字法查字典。（2）用普通话准确、流利、有感情地朗读课文。（3）努力了解讲话的主要内容；能复述自己感兴趣的情节；能较完整地讲述小故事。（4）在写话中乐于运用阅读和生活中学到的词语。（5）用口头或图文的方式表达自己的观察所得；热心参加校园或社区活动，用口头或图文的方式表达自己的见闻和想法。

（二）从既有目标中确定大观念

尽管我们有时可以从核心素养、学科核心素养中确定一些大观念，如数学公认的关键素养数学建模中的数学模型就是一种大观念，核心素养"科学精神"中的批判意识也是一种大观念，但大观念主要还是来自内容标准。当确定内容标准后，可用以下四种常见策略[②]来确定大观念。

策略 1：寻找内容标准中一再出现的名词或者重要的短语，并将其作为大观念。例如，对于"通过理解数学的概念以及理解数学及数学模式在其他学科、日常生活中所扮演的角色，所有学生能够把数学联结到其他的学习领域"，相应的大观念为数学模式。大观念广泛出现在学科内容标准中，如科学中的有机体、系统、进化、循环、相互作用、能量与物质。除了一再出现的名词，内容标准中的一些命题或短语也可作为大观念，如对于"说明资源的匮乏如何迫使人们做出选择以满足需要"，可确定"资源的匮乏迫使人们做出选择"为大观念。

策略 2：通过追问的方式确定大观念。例如，对于学科内容标准采取如下追问方式：为什么要学习该内容？学习后要怎么样？该内容标准所暗示的大观念是什么？在更大的范围中，如何应用这些知识技能？学习该内容标准有什么价值？……

策略 3：以配对的方式产生大观念。对内容标准的概念进行配对，如光明与黑暗、资方与劳方、命运与自由、物质与能量、结构与功能、国家与人民、人性与教育……

策略 4：用归纳的方式获得大观念。出现多条内容标准时，可以通过归纳方式寻找大观念。例如，对于前述案例《美丽的秋天》的五条内容标准，可归纳出大观念"美与表达"。

（三）依托大观念形成具有一致性的目标体系

寻找到大观念后，要确定大观念的学习要求，即学生在理解与运用大观念时的具体表现。如前所述，正是大观念的学习要求反映了学科素养，它们也是核心素养在学科中的反映。然而，大观念的"大"使得它需要把主要问题作为入口来联结具体的教学目标，从而通过教学目标的落实来实现大观念的学习要求。

由此，以大观念为中介，核心素养、学科核心素养、内容标准、大观念的学习要求、主要问题、教学目标之间在逻辑上形成如图 3.1 所示的关系。其中，核心素养和学科核心素养相对广泛，需要内容标准来承载；大观念主要源于内容标准，理解、运用大观念意味着将它广泛地应用于其他情境；为了理解、运用大观念，学生必须探索主要问题，主要问

[①] 中华人民共和国教育部. 义务教育语文课程标准[M]. 北京：北京师范大学出版社，2011：7-15.
[②] WIGGINS G, MCTIGHE, J. 重理解的课程设计[M]. 赖丽珍，译. 3 版. 台北：心理出版社，2011：75-77.

题是大观念的学习要求的问题化表达；在探索主要问题的过程中，需要落实较大的教学目标，它们是理解与运用大观念的基础。

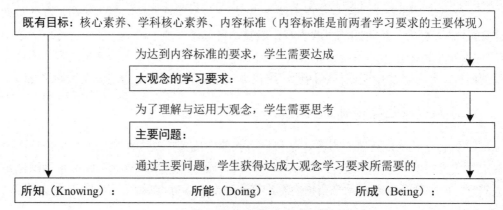

图 3.1 各层面目标的内在逻辑

例如，对于《美丽的秋天》，可设置目标层级：以"人文底蕴"和"学会学习"作为核心素养，以"语言建构与运用""审美鉴赏与创造"作为学科素养，以前述五条内容标准来匹配核心素养与学科核心素养，以"感受秋天的美，表达对秋天的美的感受"作为大观念"美与表达"的学习要求，以"如何描述美丽的秋天"作为主要问题，以上述目标为依据结合课标分析、教材分析与学情分析确定学生掌握大观念的学习要求所需的"所知、所能、所成"：（1）通过学习有关秋天的课文，至少认识 55 个生字，会写其中的 43 个生字；（2）能准确、流利、有感情地朗读有关秋天的课文；（3）能自发地通过网络或报刊搜集体现秋天的美丽的好词美句，并写一段描述美丽的秋天的话。

（四）基于大观念的学习要求设计评价方案

为判断大观念的学习要求是否得以落实，需要设计评价方案。例如，据前文所述，"感受秋天的美，表达对秋天的美的感受"是大观念"美与表达"的学习要求，为判断其落实情况，可设计统整性评价任务"用多种方式来表达你对美丽秋天的感受"，并设计如表 3.10 所示的评分规则。

表 3.10 对《美丽的秋天》中大观念"美与表达"的学习要求的评价设计（节选）

大观念的学习要求	表现性任务	评分规则		
		优 秀	良 好	尚需努力
	略	略	略	略
感受秋天的美，表达对秋天的美的感受	同学们，秋天这么美丽，你能用小短文写出秋天的美丽吗？写小短文时，可别忘了用上学过的词语和标点符号哦	（1）描述出秋天的一些景色，并说出个人的感受；（2）短文完整，具有一定的吸引力；（3）运用阅读和生活中学到的词语写话，合理运用逗号、句号、问号、感叹号	（1）描述出秋天的一些景色，并说出个人的感受；（2）短文较为完整；（3）运用阅读和生活中所学词语进行写话，合理运用逗号、句号，只出现一些错误	（1）用极小篇幅描述出秋天的景色，说出些许个人的感受；（2）短文不完整；（3）运用所学语、逗号、句号，但出现很多错误

就本单元而言，为获得更充分地反映"感受秋天的美，表达对秋天的美的感受"落实情况的证据，可依照前述"所知、所能、所成"设置表现性任务及其评分规则，将它们穿插于单元教学过程中。如此一来，学生在统整性评价任务与相关"所知、所能、所成"的表现性任务上的表现，就为考查本单元大观念的学习要求的落实情况提供了信息。

（五）围绕主要问题创设与组织学习活动

大观念教学注重学生能力表现，需要学生通过探究建构自己的知识结构。在这方面，需要运用主要问题来组织学习活动。

例如，对于《美丽的秋天》，表3.11在主要问题"如何描述美丽的秋天"的引领下设计了五个学习问题，并用这五个问题来组织相关具体活动。

表3.11 《美丽的秋天》单元学习活动的设计

主　题	学习问题	具体活动
主要问题：如何描述美丽的秋天		
秋天的图画（2课时）	问题1：你能收集并掌握关于秋天的词语吗？	（1）通过预习卡及工具书识记课文中的生字词； （2）熟读课文并背诵课文； （3）搜集关于秋天的四字词语
黄山奇石（2课时）	问题2：你能读懂关于大雁与黄山的资料吗？	（1）通过预习卡及工具书识记课文中的生字词； （2）熟读课文并背诵课文； （3）搜集大雁及黄山的资料
植物"妈妈"有办法（2课时）	问题3：你能与大家分享关于种子传播的资料吗？	（1）通过预习卡及工具书识记课文中的生字词； （2）熟读课文并背诵课文； （3）搜集种子传播的资料
古诗两首（2课时）	问题4：你能朗读一些描写秋天的诗吗？	（1）通过预习卡及工具书识记诗中的生字； （2）熟读课文并背诵古诗； （3）搜集关于秋天的古诗词
语文园地（4课时）	问题5：你能说说、写写美丽的秋天吗？	走进大自然，进行口语交际和写作

通过整理上述五项关键行动的结果后可得到教学方案文本，但需要指出的是，这五项关键行动只是提供了一种可能的思路，在实践中还需要处理诸多事项，其中至少包括如下内容。

一是设计起点应灵活地加以选择。上述五项关键行动在逻辑上可视为一种设计思路，但在实际运作时不必严格地加以遵守。例如，可以先从内容标准开始思考，确定大观念后再思考学科素养与核心素养以及其他事项，而不必从核心素养开始思考。此处的关键在于，作为设计结果的教学方案要能把所有要素联结起来，形成一致的整体。

二是设计过程应突出学习（即探究）。任何教学设计都需要以学习为中心，以大观念为抓手设计指向核心素养的教学方案更是如此。这是因为具有高度概括与抽象特征的大观念本身就不能通过简单的灌输而被学生习得，而是要通过问题探究才能被学生理解。这种探究要求设计内容丰富的主要问题及其相关活动，关注情境化的统整性评价任务，注重多元的学习方式。

三是设计结果应具备开放性。一般来说，教学方案所含的大观念并非在方案实施后就能完全被学生习得，大观念会以不同的形式出现在其他学习主题或内容中。这意味着通过大观念所得的教学方案并非孤立的，教学过程中需要不时地回顾大观念。另外，不同方案之间应具有内在关联，如不同单元教学方案之间如何相互配合以共同落实核心素养。严格说来，应统筹规划核心素养的落实，并把各个教学方案加以系统化。

上述三点只是从大方向上提出方案设计的注意事项，就实际而言，核心素养、大观念、教学方案设计三者本身就包罗万象，如何以大观念为抓手设计指向核心素养的教学方案是一个极其复杂的问题，亟待深入探讨与研究。

第三节 单元教学方案问与答

1. 什么是单元？

答：课程单元是教学的基本单位，注重学习的建构性与完满性。一般来说，其时间范围介于学期与课时之间。

2. 什么是单元教学设计？

答：单元教学设计是指从单元的角度出发，根据需要确定单元目标，综合利用各种教学资源组织教学，让学习者完成一个相对完整的学习过程。在素养导向的背景下，单元目标指向高阶的能力与素养，教学方法与评价要与单元目标保持一致。

3. 单元教学设计为什么如此重要？

答：这至少可从四个方面回答：（1）单元教学设计是教学设计的基本单位，有利于改进当前我国教育关注于局部的备教案做法；（2）联结学期与课时，使得课程设计更具连贯性；（3）对于教师来说，能更好地形成课程教学的整体感；（4）单元设计有利于整合目标、评价、教学，提供情境化或探究性学习机会，是落实学科核心素养的需要。

4. 单元目标的设置来源是什么？

答：在基于课程标准的教学范畴内，从官方文件来看，单元目标主要来自国家课程标准，源自核心素养、学科核心素养、内容标准，具体运作中还需要考虑当地的教育文件、学校和教师实际情况、学情等。

5. 假设描述某个单元目标时可分别用12条与3条来描述，请问哪种方式更具统整性？

答：一般地，用3条来描述更能使得单元目标具有统整性，用12条来描述如同把一个单元目标分解得更碎片化。当然，如果采用相对较少的条目描述，还需要用更细的条目来明晰每一条目所包含的内容。因此，如果不把大问题考虑在内，比较常见的描述单元目标的粗略方式是：精炼条目+若干条细条目。

6. 在第四节《美丽的秋天》中，单元目标由哪些成分构成？

答：主要有大观念的学习要求、大问题、落实大观念学习要求所需的学习结果，即"感受秋天的美，表达对秋天的美的感受"+"如何描述美丽的秋天"+"（1）通过学习有关秋天的课文，至少认识55个生字，会写其中的43个生字；（2）能准确、流利、有感情地朗读有关秋天的课文；（3）能自发地通过网络或报刊搜集体现秋天的美丽的好词美句，并写一段描述美丽秋天的话"。

7. 借用大观念的思想来考查的话，第二章第四节案例《爱的旅行》中的大观念是什么？

答：该案例中的学期课程目标包括两个统整性学习目标：（1）对自然、他人怀有感激之情；（2）用一颗感恩的心为身边的人做出自己力所能及的事情，并与他人分享感恩体会。它们对应的大观念为：感恩意味着心怀感激，乐意为他人做出奉献。该案例实际上是通过大观念来实现课程整合，其大致思想为：先用大观念来统整零碎的知识技能，接着用大观念的学习要求使得学期课程目标富有统整性，进而在此基础上设计统整性的大问题、大评价任务。

8. 大观念有哪些表现形式？

答：大观念的表现形式非常多样化，常见的表现形式有：（1）一个词或两个词（如平等、系统）；（2）主题（如善良战胜邪恶）；（3）持久的论辩和观点（如保守对自由）；（4）自相矛盾之说（如离家以找寻自我）；（5）理论（如进化论）；（6）背后的假定（如市场机制是理性的）；（7）理解或原理（如形式随功能而定）；（8）一再出现的问题（如我们能进行有效证明吗？）。因此可以看出，在语言表达上，大观念可以是一个词语、一个短语、一个句子，甚至可以是一个问句。

9. 怎么利用大观念撰写大观念的学习要求？

答：以大观念"数学模式"为例，"在不同情境中辨识出数学模式"是其可能的一条学习要求。从中可以看出，找到大观念后，可以用"动词+大观念"的基本结构来叙写大观念的学习要求。有时可增加一些限制条件，如"在不同情境中"；有时由于大观念不是词语或短语，还要做一定的处理。例如，对于大观念"我们能进行有效证明吗？"，一般需要把它转化成陈述句"有效证明存有争议"，然后用"动词+大观念"的基本结构叙写；如果非常熟悉目标要求，也可以直接写出学习要求，如"理解人们为什么提出疑问，我们能进行有效证明吗？"。

10. 有了大观念，为什么单元目标还需要相关知识、技能与情感目标？

答：这是因为大观念是一种统整性概念，具有丰富的内涵，因此它们的落实过程需要学生学会相关知识、技能与情感目标，没有这些目标，大观念的教学将是空中楼阁。

11. 什么是大问题或主要问题？大问题有何特征？

答：（1）对应于大观念的问题可称为大问题，主要意图是通过问题探究来促进学生理解与应用大观念。大问题可分为两大类：概括式问题和主题式问题。前者往往不会提到特定的主题、事件或具体文本，如要求学生理解大观念"伟大文学作品的普遍主题是探究人性，帮助我们从自己的经验中获得见解"，所设置的概括式问题"科幻小说是伟大的文学作品吗？"就不涉及特定科幻小说。后者指向具体学科或具体的主题，能建构学习单元，引导学生探究大观念和特定学科内容。例如，要求学生理解大观念"作者内心的表达手法"，可设置主题式问题"《故都的秋》是怎样体现作者的内心的？"。（2）如果某个问题被视为主要问题，必须满足如下基本条件：针对大观念和核心内容引起相关的真实探究；启发深度思考、热烈讨论、持续地探究以及新的理解和更多的问题；要求学生思考其他的选择、权衡证据、支持自己的概念、证明自己的答案；激发学生对大观念、对假设，以及对以前的课堂学习进行重要的、持续的重新思考；激发学生对之前的学习和个人经验进行有意义的联结；使学生自然而然地重视概念——产生将概念迁移到其他情境和学科的机会。

12. 为什么要在教学中平衡地运用不同类型的大问题？

答：这是由不同类型大问题的特征决定的。主题式大问题能直接结合实际教学内容，教学的展开需要它的实施，但它对学生迁移能力的培养力度相对薄弱。概括式大问题对学生迁移能力的培养力度相对强大，但它不易直接与实际教学内容整合。正因为这两种大问题各有其优点与不足，故教学中需要对它们加以综合利用。

13. 产生大问题的来源有哪些？

答：大问题的来源包括：（1）大观念。大观念是主要问题的指向，如果明晰了大观念，我们可直接把它转化为主要问题。例如，大观念"市场机制是理性的"可提炼出主要问题"市场机制为什么被认为是理性的？"。（2）课程标准。我们可从学科核心素养和学科内容标准两个方面对大观念加以挖掘。学科核心素养是学科课程目标，是关键、重要、必要的学科素养，它实际上是代表学科立场的大观念。以我国高中物理学科为例，科学探究乃其中一条学科核心素养，主要包含问题、证据、解释、交流等要素。我们可根据这条学科核心素养研制出概括式问题"如何有效论证？"与主题式问题"如何辩驳力是维持物体运动状态的原因？"，前者可贯穿于高中三年的物理学习过程，甚至可向下延伸至小学与初中阶段的物理学习过程，后者可用于某个单元教学。每门学科一般都包含若干条学科内容要求，它们是学科核心素养的具体化，是主要问题的最常见来源。例如，对于物理学科内容要求"通过实验，验证机械能守恒定律；理解机械能守恒定律，体会守恒观念对认识物理规律的重要性；能用机械能守恒定律分析生产生活中的有关问题。"[①]，我们可从中提取出大观念"机械能守恒定律"，设计出单元主要问题"物体动能与重力势能相互转化有何特征？"。（3）概括式问题。概括式问题包含的内容跨越了具体主题和单元，甚至联结了不同学科，我们可从概括式问题研制主题式问题。例如，可从概括式问题"谁是真正的朋友？"提炼出主题式问题"这个故事中，谁是堂吉诃德最忠实的朋友？"之所以可以如此运作，乃因为主要问题也可视为一种大观念，作为大观念的概括式问题自然可以产生主题式问题。（4）前概念。学习新知识前，学生一般拥有相关前概念，它们是学习障碍，也是非常宝贵的学习资源。我们可从前概念入手，研制出相应的主要问题。例如，在学习主题"力与运动"中，学生往往具有前概念"力是物体运动的原因"，我们可以设置主要问题"如何辩驳力是维持物体运动状态的原因？"以促进学生建构新的理解。

14. 大问题"大"在何处？怎么表达出大问题？

答：大问题之"大"具有四重内涵：（1）超越时代的问题，如"何谓正义？"；（2）课

[①] 中华人民共和国教育部. 普通高中物理课程标准（2017年版）[M]. 北京：人民教育出版社，2017：15.

程的核心概念和问题，如"什么是健康的饮食？"；（3）学习核心课程内容的问题，如"在哪些方面，光的作用就像波？"；（4）能吸引一群特定而多元的学习者。寻找到这些主要问题的来源后，还需要把主要问题表达出来。常见的一种方式是使用疑问副词（如 what），如对于大观念"正义"，可形成主要问题"什么是正义？"。常见的另一种方式是用"疑问副词+大观念|动词+大观念"的结构得到主要问题。例如，某个单元涉及价值观与冲突两个大观念，我们可用"影响"来连接它们，形成句子"价值观影响冲突"，然后可用"为什么""如何""是何"等疑问副词来写出主要问题"为什么价值观会影响冲突？"或"价值观是如何影响冲突的？"。

15. 在教学过程应用大问题需要怎样的学习文化？

答：与普通问题不同，主要问题的应用侧重于在单元层面激发学生持续探究，要发挥这样的作用，课堂教学需要遵守新规则、新的学习文化奠定规范。如下倡导颇为全面又有深度，值得借鉴：所有人要认识到主要问题没有唯一正确的答案；赋予每个学生提出观点的权利，最好的观点必须有证据和推理的支持；学生需逐渐理解"好思想经得起时间考验"；学生要不时地回顾张贴在墙上的主要问题；每个学生都要学会倾听与参与；课堂是个提倡公平之所，教师不能只让举手的学生回答问题；当观点遭到挑战，并不意味着他人不喜欢或无视该观点，而是为了验证观点的力量；学生要用开放的心态去思考他人的观点，这有助于清晰与加深原来的思考；学生应认识到犯错是学习的一部分，没有犯错就没有进步；学生要经常反思所作所为。①

16. 请图示说明不同层级大观念的关系以及它们与大问题之间的关系？

答：可用图 3.2 来表示这些关系，其中，基本问题与具体问题分别相当于大问题中的概括式问题与主题式问题，单元总体学习目标与具体学习目标分别相当于大观念的学习要求与落实大观念的学习要求的知识、技能、情感目标。

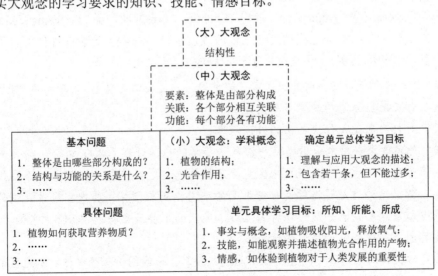

图 3.2 不同层面概念之间的关系

---

① MCTIGHE J, WIGGINS G. Essential questions: Opening door to student understanding[M]. Alexandria Virginia: ASCD, 2013:44.

17. 怎么从大观念初步确定单元规划？

答：获得大观念后，可做如下思考以获得初步的单元规划：（1）这样的大观念需要达到怎样的学习要求？（2）要落实这些学习要求需要什么样的学习问题，尤其是大问题？（3）这样的学习要求需要什么样的证据？（4）对于落实这样的学习要求的教学，可利用学生的哪些有关前概念或典型的错误概念？

18. 学生学习证据的发生来源有哪些？

答：学习证据有诸多发生来源，较为常见的形式有：课中对学生的观察、课后学生作业、学生日记、单元测试、期中和期末测试、学生同伴的反馈、家长的反馈。在逆向设计中，这些证据可分成两大部分，一是来自实作任务（表现性任务），二是来自其他证据（如平时课堂作业）。当然，这些任务要与学习目标匹配，相关证据要用于改进教师教学与学生学习。

19. 内容标准是否暗示了评价任务设计？

答：是的。这是因为内容标准中往往包括对应的主题（如某个名词）、相关的动词（如应用），尤其是动词部分，它可为评价任务设计提供直接参考。

20. 表现性评价主要由哪些内容组成？它适用于简单低阶的学习目标吗？

答：表现性评价主要由评价目标、表现性任务、评分规则构成，其中，表现性任务的常见题型有实验操作、舞蹈表演、语文写作等，评分规则则是对表现性任务的评价标准。在评价目标上，表现性评价强调实作与表现，主要针对的是复杂高阶的学习目标。

21. 能否提供一种研制表现性任务的方法？

答：教师平时可以通过选择与修改现有的题目来研制表现性任务，也可以自己研制表现性任务。下面提供一种实用的方法，即 GRASPS，每个字母对应一个任务元素：目标（Goal）、角色（Role）、受众对象（Audience）、情境（Situation）、表现或产品（Performance/Product）和标准（Standards），教师可根据此方法修改表现性任务或者设计表现性任务。下面提供一个来自社会学科的案例[①]（引用时做了一定修改）。

目标：你的目标是帮助一群外国游客了解该地区的主要历史特色、地理特色、经济特征；

角色：你是地区旅游局的实习人员；

对象：目标对象是九位说英语的外国游客；

情境：你被要求针对本地区撰写一份包括预算的旅游计划（为期四天）。请规划旅游路线，以利于带游客观赏最能表现本地区主要历史特色、地理特色和经济特征的景点；

产品：你必须为这趟旅游编写一份书面的旅游指南与预算，其内容应该说明为什么选择各个景点以及这些景点如何帮助游客理解本地区的主要历史特色、地理特色和经济特征。另外，要再附上一份能查询旅游路线的地图。

标准：你提出的旅游计划（包括旅游指南、预算、路线图）必须包括：本地区的主要历史特色、地理特色和经济特征；选择各个景点的明确理由、依据；正确、完整的预算。

[①] WINGGINS G, MCTIGHE J. 重理解的课程设计——专业发展实用手册[M]. 赖丽珍，译. 台北：心理出版社，2008：172.

上述六个方面可转化为如表 3.12[①]所示的设计提示，但这只是为了引发思考，并不需要填写所有内容。

表 3.12　GRASPS 任务设计提示

	可能的表达方式
目　　标	（1）你的任务是：_____。 （2）你的目标是：_____。 （3）你所面对的问题或挑战是：_____。 （4）要克服的障碍是：_____。
角　　色	（1）你是：_____。 （2）你被要求：_____。 （3）你的任务是：_____。
对　　象	（1）你的客户是：_____。 （2）目标对象是：_____。 （3）你必须说明：_____。
情　　境	（1）你发现自己所在的情境是：_____。 （2）其挑战包括：_____。
表现/产品	（1）你必须设计出_____，以利于_____。 （2）你要提出_____，以利于_____。
标　　准	（1）你的实作表现必须：_____。 （2）你的学习会通过_____来评价。 （3）你的产品必须符合下列标准：_____。 （4）成功的结果是：_____。

22. 是否需要严格按照 GRASPS 来研制表现性任务？如果不是，有什么其他办法？

答：并非所有表现性任务都要按照 GRASPS 来研制，建议在一个单元中尽量设计一个这样大容量的表现任务（简称为大任务）来评价大观念的学习要求。在日常教学中，一些容量相对较小的目标可以不用设置如此高规格的大任务，教师可以直接利用现有的试题或任务，或者对它们进行间接地加工，以得到普通表现性任务。有关这方面内容的书籍较多，下面提供一种便捷的参考做法[②]：（1）确定评价目标——明晰评价对象及其内涵。（2）初步设计表现性任务——先明晰任务成分（即解读目标的构成）；然后考虑相关的情境（如空间、时间、工具）；接着把任务成分和情境整合起来，撰写任务要求与指导语得到表现性任务（未必非得要指导语）；最后审核表现性任务（如考虑伦理与公平），并加以完善。上述做法只是一种参考，教师可应用自己熟悉的做法。

23. 大任务、普通表现性任务是否需要与大问题保持匹配或一致？

答：大任务、普通表现性任务、大问题都指向单元目标，与大观念的学习要求匹配，它们之间自然需要保持一致。在层级上，大任务、大问题、大观念是对应的，普通表现性

[①] WINGGINS G, MCTIGHE J. 重理解的课程设计——专业发展实用手册[M]. 赖丽珍, 译. 台北：心理出版社, 2008：172.（引用时做一定修改）
[②] 邵朝友. 促进学习的课堂评价：理论与实践[M]. 上海：上海交通大学出版社, 2015：95.（引用时做一定修改）

任务则来自对应大问题的某个部分。例如，对于大问题"对你有益的食物都是难吃的吗？"，可提出普通表现性任务"调查不同食物的营养物质、比较有益于健康的食物的味道"。

24. 评分规则有哪些类型？各自有何优点与不足？

答：按照评价的方式与指向性，评分规则可分为整体评分规则与分项评分规则，或通用评分规则与特定任务评分规则。它们各自的优点与不足如表3.13[①]所示。

表3.13 各类评分规则比较

评分规则	适用情况	不足之处
整体评分规则	• 评价简单的成果或表现——它们一般只指向一个重要因素，例如阅读的流畅性； • 快速获得对总体水平或整体成绩的评定，通常在大范围内使用，以对大批学生的反应做出评估； • 对成果或表现给出"印象分"，如"这篇文章的议论很深刻"	• 缺乏对成果或表现的优点或缺点的详细描述； • 整体评分规则不能向学生提供详尽的反馈信息，以指导他们下一步的行动；由于没有细致的描述，学生很难确切地知道自己应如何改进，不能开展自我评价或同伴互评
分项评分规则	• 评价复杂的表现（如探究学习），它们通常包括几个重要的因素。借助这些细分的项目，评分者，如教师或学生，可以更迅速地找出评分的关键因素； • 向学生、家长和教师提供更有针对性的反馈，使他们了解学生的优点和缺点。教师可以根据分项评估所提供的信息制定精确的教学目标。从教学角度看，学生了解了成果和表现的重要因素，所以分项评分规则也能帮助他们更好地把握什么是合格的成果，从而有利于学生进行自我评价或同伴互评	• 由于教师需要辨别更多的内容，所以更耗时； • 因为要同时考虑几个要素，评分者的一致性往往较低，因此在大范围的评价时，考虑到效率和可信度的要求，分项评分规则可能并不适用； • 把没包括在评分规则中的"正确"答案判错
通用评分规则	• 在教学中用于帮助学生理解合格的标准，发展应用评分规则的迁移能力； • 学生不是全部完成同一任务，学生可以选择如何展示在特定技能或成果上的能力； • 教师力图使不同班级或年级的评价具有一致性	• 学习起来比较耗时； • 只想快速做出评价时，却耗用较长的时间； • 有时当需要评价特定知识时，还要增加指向特定任务的因素
特定任务的评分规则	• 评价效率比了解评价的内容更重要； • 想知道学生是否掌握了特定的知识、方法或步骤； • 评分的一致性是最重要的考虑因素	• 不能提前告诉学生，因为这样会"泄露"答案； • 必须为每项任务制定一个新的评分规则，这既耗时而且有时做不到； • 使评分者失去思考能力——评分是自动化的程序； • 把没包括在评分规则中的"正确"答案判错； • 不能对合格的标准做出总的规定，只能大致解释一项特定任务的合格标准

[①] 邵朝友. 评分规则的理论与技术[M]. 杭州：浙江大学出版社，2015：48-49.

25. 如何研制评分规则？

答：开发评分规则有自上而下与自下而上两种方式，但这不是绝对的，在实际开发中，两种方式可能会交织在一起使用。以下为两种方式的开发思路[①]。

自上而下的评分规则开发思路：

（1）明晰学习目标。这需要开发者描述出学习目标的要求，如对于网络协作学习，需要回答什么是网络协作学习、良好的网络协作学习具有哪些特质、不同表现水平的特征是怎么样的。

（2）确定评分维度与水平。依据需要选择评分规则的类型后，无论是整体评分规则还是分项评分规则的研制都需要架构出相应的各个维度内容与表现水平数量。例如，对于科学问题解决评分规则，教师应先思考可从哪几个维度来描述科学问题解决。例如科学内容知识是科学问题解决评分规则的一个组成维度，其要求是学生展现出对科学概念与规律的理解。然后思考在不同维度上，可分为几个水平等级来加以描述相应的学生学习表现。在这个环节，还需注意所研制的评分规则是整体评分规则还是分项评分规则。

（3）撰写各表现水平的特征。确定评分规则的维度与水平后，需要描述各种表现水平的特征。例如，"问题解决过程展现出对物理概念与规律的理解"是科学问题解决的评分规则的一个维度，那么在描述某特定维度的各种表现水平时，其最高水平可能具体化为"问题解决过程展现出对距离、速度、时间关系的理解"。一般来说，教师可先撰写中间水平，然后据此描述更高水平或更低水平，从而形成一个表现水平的连续体。有时为了更好地说明各个维度中各种水平的含义，有必要为每一水平配置案例，以便为学生提供更直观的说明。需要说明的是，为了避免学生模仿单一案例，在数量上，配置的案例应不少于两个。

（4）完善评分规则。

自下而上的评分规则开发思路：

（1）收集学生作品。这些学生作品必须与评分规则蕴含的表现要求相关。

（2）分组学生作品并明确依据。以三等级水平为例，教师可把在第一步选取出的学生作业分为三个水平组：高、中、低，并写下每份作业被分入某个水平组的理由。这种分类的理由一般不是学生作品的整齐性或形式，而是作品所体现出来的关于达到学习目标的质量。当然，如果学生作品的整齐性或形式是学习目标，则可以以此作为分组依据。

（3）写下分组学生表现作品的依据。在上一步的基础上，写下对学生作品进行分组的依据。这种依据应尽量具体，例如"学生不能正确查找信息"，而不是"学生不会解决问题"。

（4）概括学生作品表现的维度。把分组的依据总结为表现的维度或要素。把这些理由或依据归纳为维度，如人们在评定数学作业时，可能会从表达能力、问题解决或推理、数学理解和计算准确性四个维度来考虑，然后给每个维度下一个客观的定义。

（5）描述各个维度的不同表现水平。根据实际需要，确定出表现水平的数量，描述出每种水平对应的具体表现要求。然后，找出与每个维度的各个评分点相对应的学生表现做样例。例如，根据各个维度高、中、低表现水平的要求，分别找出最有代表性的学生作业。

[①] 邵朝友. 评分规则的理论与技术[M]. 杭州：浙江大学出版社，2015：40-44.

（6）不断改进评分规则。

26. 如何判断一个学习活动与内容标准是否保持一致？

答：一般可从目标内容、认知水平以及包含的情境等来判断两者是否一致。表现性任务也可参考上述做法，以确保它与内容标准保持一致。实际上，当一个学习活动有相应的评价成分，它也就变成了表现性任务。从语言分析角度看，还可以采取下面这种对应方法：

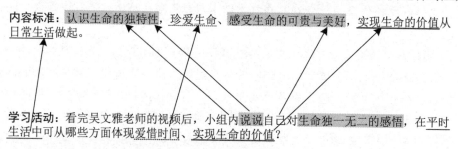

27. 有没有办法将所有学习活动形成探究学习形式？

答：可以在大问题的引领下把各个学习活动问题化，即设计子问题。这些子问题并非割裂的，它们在大问题的背景下相互联结，形成一个整体或者说最终形成一个问题群或问题网。

第四节　《美丽的秋天》单元设计过程

学科课程是落实核心素养的重要阵地，在当前我国分科课程设置的大背景下更是如此。作为教师日常专业行为，撰写课程方案体现了教师的专业水平，也深刻影响着学生的发展。那么，如何撰写出高质量的学科课程方案？本节将从案例开发背景、整体设计思路、审视设计过程、确定最终方案四个方面呈现语文教师李俊红的所思所为，希望该课程单元案例能为广大教师提供一定的借鉴。

一、案例开发背景

2015—2016年第二学期，山东省乐陵市阜盛小学开展了主题为"问题导向的教学"校本教研活动。时值教育部刚刚公布《中国学生发展核心素养》，该校有感于未来教育发展离不开这个重大教育决策，遂经讨论后决定开展相关课题研究，意图提升教师的专业素养、推进学校的持续发展。

主题活动"问题导向的教学"的重要目的之一在于探讨如何在课堂上落实核心素养、学科核心素养。在该主题活动中，如何撰写课程方案乃讨论焦点。会议上，与会者达成了一个基本共识，即核心素养是一种关于问题解决的素养，其学习离不开情境问题，离不开学生的主动探索，由此拉开了撰写课程方案的序幕。时任二年级语文学科教师的李俊红踊跃参与专业研讨，她选择人教版语文二年级上册第一单元《美丽的秋天》进行了教学方案的撰写。

二、整体设计过程

案例开发伊始,李老师并非从核心素养着手,而是计划先对相应课程标准内容进行解读,然后开展学情分析与教材分析,依次确定学科核心素养、核心素养、大观念、主要问题及单元目标,接着在这些目标的指引下开展评价设计,最后设计相关学习活动。

(一)课标分析

本单元对应的内容标准包括五条,分别涉及识字写字、阅读、口语交际、写话、综合性活动五个模块,相关解读如表 3.14 所示。

表 3.14 课程标准的解读

模 块	内容标准相关目标	目 标 解 读
识字写字	能按笔顺规则用硬笔书写,注意间架结构。培养学生良好的写字习惯,写字姿势要正确,书写要做到正确、规范、端正;学习独立识字;能借助汉语拼音认读汉字,学会用音序查字法和部首查字法查字典	培养孩子良好的书写习惯,做到书写规范、端正、整洁;注意生字的描红;培养学生主动识字的愿望和独立识字的能力;学会借助工具书识字;降低写字量,关注写字的过程,培养写字基本功
阅读	培养学生用普通话正确、流利、有感情地朗读课文	应用所识文字准确而投入地朗读课文
口语交际	努力了解讲话的主要内容;能复述自己感兴趣的情节;能较完整地讲述小故事	培养学生倾听的习惯,为口语交际的表达过程——说话做准备
写话	在写话中乐于运用阅读和生活中学到的词语	培养学生联系自己的生活进行写话,并在描写自己看到的事物时善于运用自己积累的词语
综合性活动	用口头或图文的方式表达自己的观察所得;热心参加校园或社区活动,用口头或图文的方式表达自己的见闻和想法	让学生走进大自然、亲近大自然,通过实践产生对大自然的认识,并用口头或图文的方式表达自己的认识

(二)学情分析

学情分析主要从学生已具备的知识及能力、存在的学习问题两大方面进行,五大模块的相关分析结果如表 3.15 所示。

表 3.15 学情分析

模 块	已具备的知识及能力	存在的学习问题
识字写字	已经认识了常用汉字 800 个左右,会写的有 300 个左右;掌握了汉字的基本笔画和常用的偏旁部首;已初步养成良好的写字习惯,部分学生能做到写字姿势正确,书写规范、端正、整洁;已学会汉语拼音	孩子们已经掌握了拼音,但还未养成借助拼音自主识字的习惯;还不能辨别易错的生字;写字时,部分学生未能掌握正确的笔顺

续表

模 块	已具备的知识及能力	存在的学习问题
阅读	已会用普通话正确地朗读课文；会在阅读中积累词语；已会阅读浅显的童话、寓言、故事；已背诵了一些儿歌、儿童诗和浅显的古诗；已认识课文中常用的标点符号；已积累了一些自己喜欢的成语和格言警句	很难做到有感情地朗读，在停顿、语气方面还缺乏训练，未能学会抑扬顿挫地读课文
写话	能写自己想说的话；已会使用逗号和句号	多数学生能表达自己想说的话，但对字词、逗号、句号等的运用还不熟练
口语交际	已初步会讲普通话；能认真听别人讲话	在口语交际中，有些学生不放松，表达不自然
综合性活动	结合语文学习，会观察大自然	还不熟悉用口头或图文的方式表达自己的见闻和想法

（三）教材分析

本组文章内容十分丰富，以秋天为线索，又不局限于秋天的景色。学生可通过有感情地朗读，感受秋天的美好，领略大自然的美丽与神奇，体会美好的生活是勤劳的人们所创造的。学习本组文章能激发学生观察大自然的兴趣，要求教师引导学生注意观察秋天的景物和气候的特点，知道秋天是收获的季节，注意引导学生养成自主识字的习惯，引导学生按偏旁给熟字分类，提醒学生在识字、阅读的过程中注意积累词汇；引导学生自主策划秋游，自己画秋天、写秋天，并动手用树叶制作书签、贺卡。

（四）确定学科核心素养及核心素养

结合学情分析、课标分析、教材分析，确定了两项学科核心素养，即语言建构与运用、审美鉴赏与创造——两者分别含有语言学习所需的听说读写、对语言篇章的欣赏与写作之意，而它们对应于"人文底蕴"与"学会学习"两项核心素养——前者意味着学生在学习、理解、运用人文领域知识和技能等方面所形成的基本能力、情感态度和价值取向，具体包括人文积淀、人文情怀和审美情趣等基本要点；后者含有乐善好学、勤于反思、信息意识，信息意识是本单元语文综合性学习尤为需要的。通过进一步的语义分析可发现，核心素养、学科核心素养、内容标准三者在认知要求、问题的复杂性、关涉的情意因素以及各个要素内在逻辑方面是一致的。

（五）确定大观念的学习要求及其主要问题

根据上述分析，尤其是对内容标准的分析，确定本单元的大观念为"美与表达"，其基本要求为"感受秋天的美，表达对秋天的美的感受"。为达成该基本要求，学生将探究主要问题"如何描述美丽的秋天"。

（六）明确达成大观念的学习要求所需的知识与技能

为了达成"美与表达"的学习要求，学生需要掌握更为具体的知识与技能：（1）通过学习有关秋天的课文，至少认识55个生字，会写其中的43个生字；（2）能准确、流利、有感情地朗读有关秋天的课文；（3）能自发地通过网络或报刊搜集体现秋天的美丽的好词美句，并写一段描述美丽秋天的话。

（七）评价设计

为判断该大观念的学习要求是否得以落实，进行三个方面的评价设计：（1）针对大观念的学习要求设置任务及其评分规则；（2）针对上述 3 个方面的知识与技能要求设置表现性任务及其评分规则；（3）参考学生平时在课堂上的表现、作业批改情况等信息。学生成绩来自两部分信息：一是学生在表 3.16（a）、（b）中表现性任务上的得分（最高 70 分），二是在课堂表现与作业表现上的得分（最高 30 分），具体评价标准如表 3.16（c）所示。

表 3.16（a）　单元评价设计

大观念的学习要求	表现性任务	评 分 规 则		
		13~20 分	5~12 分	0~4 分
感受秋天的美，表达对秋天的美的感受	（1）请你用口头方式表达出对秋天的感受（20分）	（1）流畅、有条理、有中心地用普通话讲出所见所闻；（2）生动地表达出对秋天的感受	（1）流畅地用普通话讲出所见所闻；（2）表达出对秋天的感受	（1）能用普通话讲出所见所闻；（2）粗略地表达出对秋天的感受
	（2）请你用小短文写出秋天的美丽（20分）	（1）描述出秋天的一些景色，并说出个人的感受；（2）短文完整，具有一定的吸引力；（3）运用阅读和生活中学到的词语写话，合理运用逗号、句号、问号、感叹号	（1）描述出秋天的一些景色，并说出个人的感受；（2）短文较为完整；（3）运用阅读和生活中所学词语进行写话，运用逗号、句号，出现一些错误	（1）用极小的篇幅描述出秋天的景色，说出些许个人的感受；（2）短文不完整；（3）运用所学词语、逗号、句号，但出现很多错误

表 3.16（b）　单元评价设计

知 识 技 能	表现性任务	评 分 规 则		
		7~10 分	4~6 分	0~3 分
通过学习有关秋天的课文，至少认识 55 个生字，会写其中的 43 个生字	（3）同学们，请你通过预习卡完成这一单元生字的认读及书写，"我会认"的生字会注音、会组词，"我会写"的生字能听写，至少组两个词（10分）	（1）认识本单元的 55 个汉字，能给汉字正确注音，能随文识字；（2）会写本单元的 43 个生字，能给汉字正确注音，做到规范、端正、整洁，每字至少组两个词；能正确听写	（1）对本单元的 55 个生字进行注音时，出错的不能超过 5 个；（2）对本单元 43 个会写的生字，给汉字正确注音，出错的不能超过 4 个，每字至少组两个词；听写出错的不能超过 4 个	（1）对本单元的 55 个生字进行注音时，出错的不能超过 10 个；（2）对本单元 43 个会写的生字，给汉字正确注音，出错的不能超过 8 个，每字至少组两个词，听写出错的不能超过 8 个
能准确、流利、有感情地朗读有关秋天的课文	（4）同学们，请朗读你选择的关于秋天的文章。朗读时做到准确、流利、有感情（10分）	朗读时，普通话准确（还要做到不丢字、不添字）、流利（读得顺畅、不磕巴），声情并茂、富有节奏	朗读时，普通话准确（还要做到不丢字、不添字）、流利（读得顺畅、不磕巴），但感情不够投入	朗读时，普通话准确或基本准确，基本做到不丢字、不添字

续表

知识技能	表现性任务	评分规则		
		7～10分	4～6分	0～3分
能搜集体现秋天的美丽的资料	（5）同学们，请去搜集和秋天有关的词语、诗词及文章等（10分）	（1）所制订的观察秋天的计划可行，记录可行；（2）搜集有关秋天的词语、诗词和文章，选择描写秋天的经典诗词进行背诵，熟读搜集的文章	（1）所制订的观察秋天的计划可行，记录粗糙；（2）搜集有关秋天的文章和诗词，整理好后能进行熟读	（1）所制订的观察秋天的计划可行，记录粗糙；（2）能搜集有关秋天的诗词和文章

表3.16（c）　单元评价设计

评价项目	评价依据	评价方式	评分要求		分值
课堂表现（10分）	针对听讲、发言情况及小组合作学习参与情况进行综合评价。组长一天一汇总，跟踪记录，班级公示	自评、互评、师评	参与度（5分）	（1）认真按教师要求完成任	0～2分
				（2）积极参与小组活动、展示	0～3分
			达成度（5分）	（1）识记和理解达到80%以	0～2分
				（2）应用达到80%以上	0～3分
作业表现（20分）	跟踪记录预习卡、摘抄、日记、调查等的完成情况。每周两篇日记，每两周练习一次写话，预习卡随教学进度，综合性活动随单元进度。对作业完成程度、上交时间、订正效果进行观察记录	组评、师评	整洁度（8分）	（1）字体工整；	0～4分
				（2）字面整洁、无涂改	0～4分
			完善度（6分）	（1）不空题，答题完整；	0～2分
				（2）答题详尽，主观答题字数达到要求	0～4分
			正确率（6分）	（1）答题正确率80%～100%；	0～6分
				（2）答题正确率60%～80%；	0～4分
				（3）答题正确率0～60%	0～2分

（八）学习活动设计

单元教学注重学生能力表现，为此在主要问题"如何描述美丽的秋天？"的引领下设计了5个学习模块（即识字写字、阅读、写话、口语交际、综合性活动），并用这5个模块来组织相关学习活动，这些学习问题及其具体活动构成了整个单元的大致学习活动（见表3.17）。

这五个模块之间的关系为：识字写字一方面是为了语言积累，另一方面是为了让学生更好地朗读文章。在文章的朗读过程中积累词语、句子及相关的描写方法，这几篇文章都是描写秋天的，这为学生走进大自然、观察大自然以及描述大自然做好了准备；通过综合性活动，学生走进大自然去观察美丽的秋天，通过观察进行口语交际，用语言来描述秋天的美；学生在口语交际的基础上进行写话，用书面语言描述出美丽的秋天，感受秋天的美丽，最终达到热爱大自然的目的；写话时，学生可以运用积累的词语及句子。五个模块环环相扣，最终实现主要问题的目标，即感受并表达大自然的美。

表 3.17　学习活动一览表

主要问题：如何描述美丽的秋天？

主　　题	学 习 问 题	具 体 活 动
秋天的图画 （2课时）	问题1：你能收集并掌握关于秋天的词语吗？	（1）通过预习卡及工具书识记课文中的生字词； （2）熟读课文并背诵课文； （3）搜集关于秋天的四字词语
黄山奇石 （2课时）	问题2：你能读懂关于大雁与黄山的资料吗？	（1）通过预习卡及工具书识记课文中的生字词； （2）熟读课文并背诵课文； （3）搜集关于大雁及黄山的资料
植物"妈妈"有办法 （2课时）	问题3：你能与大家分享关于种子传播的资料吗？	（1）通过预习卡及工具书识记课文中的生字词； （2）熟读课文并背诵课文； （3）搜集关于种子传播的奥秘
古诗两首 （2课时）	问题4：你能朗读一些描写秋天的诗吗？	（1）通过预习卡及工具书识记诗中的生字； （2）熟读课文并背诵古诗； （3）搜集关于秋天的古诗词
语文园地 （4课时）	问题5：你能说说、写写美丽的秋天吗？	走进大自然，进行口语交际和写作

三、审视设计过程

按照平时撰写教学方案的习惯，上述整体设计过程结果的组合就构成了教学方案的主体部分，但在拟定教学方案前，为慎重起见，李老师重新思考了自己的方案，认为有如下几个方面需要调整或修改。

一是从谁的角度来呈现教学方案？一般来说，根据习惯，教学方案基本为教师版本，在备课组内分享是没什么问题的。但是，这样的教学方案基本都采用教师语言，没有从学生的角度来写，因此有必要呈现学生版本的教学方案。

二是表现性任务的语言是否太生硬了？例如，表现性任务"同学们，请去搜集和秋天有关的词语、诗词及文章等"。看上去言简意赅，但是不够柔和，略显缺乏亲和力，因此有必要加以改进。显然，改动结果"同学们，有许多描写美丽秋天的诗词及词语，通过朗读你会看到更加多彩的秋天，请去搜集和秋天有关的词语、诗词及文章等"会比原来的句子更受学生喜欢。又如，表现性任务"请你用小短文写出秋天的美丽"也存在类似问题，而且还没有进一步显示出完成该表现性任务时需要体现出的字词、标点符号等要求，可进一步把它完善为："同学们，秋天这么美丽，你能用小短文写出秋天的美丽吗？写小短文时，可别忘了用上学过的词语和标点符号哦。"

三是评分规则的水平划分是否太含糊了？一般来说，学生的表现非常多样化，规则划分得太细反而会导致不好评分，也很可能会让知识破碎化，使得一些表现水平或等级无法与学生实际表现相一致。评分规则的水平划分在具体与含糊之间要保持一定的平衡。例如，原等级水平"1. 所制订的观察秋天的计划可行，记录粗糙"其实很难用来评价学生，如果换成"1. 所制订的观察秋天的计划不可行，没有记录"将更容易用于评分。

四是怎么让学生更加清楚单元整体学习进程？这除了要考虑单元学习目标、评价设计等有关内容外，还需要把整体单元课程设计中的主要学习活动组织起来，并用简明扼要的表达方式让学生明白自己将参与的主要学习活动，形成学习路线图。在这方面可用主要问题架构学习活动。

五是怎么问题化学习活动？原来的学习活动，如"种子传播的奥秘"显得比较中性，缺乏对学生的邀请性。就此，李老师打算用问题化的表述方式来代替平铺直叙的表达方式，以便突出活动的探究性、提升学生的学习兴趣。如对于上例，可用"你能与大家分享关于种子传播的奥秘吗？"加以取代。

四、确定最终方案

经过上述思考，李老师最终撰写出如下学生版本的教学方案，当然在撰写过程中也做了多次细节修改。

《美丽的秋天》的教学方案

- 课程类型：国家课程
- 教学材料：人教版二年级语文上册第一单元
- 授课时间：12课时
- 授课教师：乐陵课程整合组 李俊红
- 授课对象：小学二年级一班

小朋友，秋天来了！但你知道秋天在哪里吗？秋天藏在田野里金灿灿的果实上，躲在略显寒意的秋风中，写在你的眼睛里，印在你的心灵中……那么，这么美的秋天，你能说说你对"ta"的感受，写写你对"ta"的喜欢吗？本单元将会让你和美丽的秋天有个约会哦，希望你能更好地与大家分享你的感受与喜欢。

你要学会哪些本领？

这个单元我们的核心任务是：用多种方式描述出你对秋天的美的感受，这可是个很重要的大本领呀。要描述出你对秋天的感受与喜欢，你还得学会这些小本领：（1）认识55个生字，会写43个生字；（2）正确、流利、有感情地朗读课文；（3）能搜集和秋天相关的资料。这些本领将会让你更好地运用语文欣赏美好事物，进一步丰富你的心灵，帮助你学会如何学习。

你的成绩怎么认定？

为判断你是否学会了这些本领，老师为所有小朋友设计了下面5个任务。第一张表[表3.18（a）]含有2个任务，它们在总分100分中占有40分，你将在单元学习结束时完成它们。

表3.18（a） 我们的单元评价设计

任务	评价标准		
	13~20分	5~12分	0~4分
（1）同学们，通过我们前一段的活动，请你用口头方式表达出对秋天的感受	（1）你能流畅、有条理、有中心地用普通话讲出所见所闻；（2）能生动地表达出对秋天的感受	（1）你能流畅地用普通话讲出所见所闻；（2）能表达出对秋天的感受	（1）你能用普通话讲出所见所闻；（2）你只粗略地表达出对秋天的感受

续表

任　务	评　价　标　准		
	13～20 分	5～12 分	0～4 分
（2）同学们，秋天这么美丽，你能用小短文写出秋天的美丽吗？写小短文时，可别忘了用上学过的词语和标点符号哦	（1）你能描述出秋天的一些景色，并说出你的感受； （2）你的短文完整、有吸引力； （3）你能运用阅读和生活中学到的词语进行写话，合理运用逗号、句号、问号、感叹号	（1）你能描述出秋天的一些景色，并说出你的感受； （2）你的短文较为完整； （3）你能运用阅读和生活中所学词语进行写话，合理运用逗号、句号，但出现一些错误	（1）你很少描述出秋天景色，只能说出一点点感受； （2）你的短文很不完整； （3）你运用了所学词语、逗号、句号，但出现了很多错误

第二张表[表 3.18（b）]含有剩下的 3 个任务，在学习过程中，你可以参考表中的评价标准进行自我评价或对其他小朋友进行评价。在总分 100 分中，这部分成绩占 30 分。

表 3.18（b）　我们的单元评价设计

任　务	评　分　标　准		
	7～10 分	4～6 分	0～3 分
（3）同学们，请你通过预习卡完成这一单元生字的认读及书写，"我会认"的生字会注音、会组词，"我会写"的生字能听写，至少组两个词	（1）认识本单元的 55 个汉字，能给汉字正确注音，能随文识字； （2）会写本单元的 43 个生字，能给汉字正确注音，做到规范、端正、整洁，每字至少组两个词，能正确听写	（1）对本单元的 55 个生字进行注音时，出错的不能超过 5 个； （2）对本单元 43 个会写的生字，给汉字正确注音，出错的不能超过 4 个，每字至少组两个词，听写出错的不能超过 4 个	（1）对本单元的 55 个生字进行注音时，出错的不能超过 10 个； （2）对本单元 43 个会写的生字，给汉字正确注音，出错的不能超过 8 个，每字至少组两个词；听写出错的不能超过 8 个
（4）同学们，请朗读你选择的关于秋天的文章；朗读时做到准确、流利、有感情	朗读时普通话准确（做到不丢字、不添字）、流利（读得顺畅、不磕巴），声情并茂、富有节奏	朗读时普通话准确（做到不丢字、不添字）、流利（读得顺畅、不磕巴），但感情不够投入	朗读时普通话准确或基本准确，基本做到不丢字、不添字
（5）同学们，请去搜集和秋天有关的词语、诗词及文章等	（1）所制订的观察秋天的计划可行，记录详细； （2）搜集有关秋天的词语、诗词和文章，选择描写秋天的经典诗词进行背诵，熟读搜集的文章	（1）所制订的观察秋天的计划初步可行，记录粗糙； （2）搜集有关秋天的文章和诗词，整理好后能进行熟读	（1）所制订的观察秋天的计划不可行，没有记录； （2）能搜集有关秋天的诗词和文章

100 分中的剩余 30 分来自你平时在课堂上的表现、作业完成情况，它们分别占 10 分、20 分。你可参考下面的相关要求[见表 3.18（c）]。

表 3.18（c） 我们的单元评价设计

评价项目	评价依据	评价方式	评分要求		分　值
课堂表现 （10分）	针对听讲、发言情况及小组合作学习参与情况进行综合评价；组长一天一汇总，跟踪记录，班级公示	自评、互评、师评	参与度 （5分）	（1）认真按教师要求完成任务；	0～2分
				（2）积极参与小组活动、展示	0～3分
			达成度 （5分）	（1）识记和理解达到80%以上；	0～2分
				（2）应用达到80%以上	0～3分
作业表现 （20分）	跟踪记录预习卡、摘抄、日记、调查等的完成情况；每周两篇日记，两周一次写话练习，预习卡随教学进度，综合性活动随单元进度；对作业完成程度、上交时间、订正效果进行观察记录	组评、师评	整洁度 （8分）	（1）字体工整	0～4分
				（2）字面整洁无涂改	0～4分
			完善度 （6分）	（1）不空题，答题完整；	0～2分
				（2）答题详尽，主观答题字数达到要求	0～4分
			正确率 （6分）	（1）答题正确率 80%～100%；	5～6分
				（2）答题正确率 60%～80%；	3～4分
				（3）答题正确率 0～60%	0～2分

综上，你的成绩=五个评价任务的得分（占70分）+课堂表现的得分（占10分）+作业表现的得分（占20分）。为了有更好的表现，可别忘了尽自己最大的努力呀，加油加油！

你将参与哪些活动？

这个单元总共有12节课，老师为你设计了5个学习问题，围绕这5个问题你将参与一些更具体的学习活动（见表3.19）。在活动过程中，你随时可以进行自我评价或对同学进行评价。

表 3.19　我们的单元学习活动设计

主要问题：如何描述美丽的秋天？		
主　题	学习问题	具体活动
秋天的图画 （2课时）	问题1：你能收集并掌握关于秋天的词语吗？	（1）通过预习卡及工具书识记课文中的生字词； （2）熟读课文并背诵课文； （3）搜集关于秋天的四字词语
黄山奇石 （2课时）	问题2：你能读懂关于大雁与黄山的资料吗？	（1）通过预习卡及工具书识记课文中的生字词； （2）熟读课文并背诵课文； （3）搜集关于大雁及黄山的资料
植物"妈妈"有办法 （2课时）	问题3：你能与大家分享关于种子传播的奥秘吗？	（1）通过预习卡及工具书识记课文中的生字词； （2）熟读课文并背诵课文； （3）搜集有关种子传播的奥秘的资料
古诗两首 （2课时）	问题4：你能朗读一些描写秋天的诗吗？	（1）通过预习卡及工具书识记诗中的生字； （2）熟读课文并背诵古诗； （3）搜集关于秋天的古诗词
语文园地 （4课时）	问题5：你能说说、写写美丽的秋天吗？	走进大自然，进行口语交际和写作

在这里，老师有个特别的建议：希望你能经常想想"我怎么才能更好地描述秋天的美丽呢？"。当然了，在学习过程中，老师也会不时地提醒你这个问题的。另外，为了丰富自己的学习，除了教材上的资料和老师补充的资料外，你也可以在爸爸妈妈的陪同下到书店去找些你感兴趣的资料或者在爸爸妈妈的指导下上网寻找关于秋天的诗词或文章。

最后，希望你在本单元的学习中尽心尽力，生动地描述出你在秋天的所见所闻，与大家分享你对秋天的感受与喜欢！

你的语文老师　李俊红

2016年9月9日

第五节　《认识多边形》单元设计行动

《义务教育数学课程标准（2011年版）》中指出："数学知识的教学，要注重知识的'生长点'与'延伸点'，把每堂课教学的知识置于整体知识的体系中，注重知识的结构和体系，处理好局部知识与整体知识的关系，引导学生感受数学的整体性。"

我们以往教学大部分采取的是"部分—整体"的逻辑，即"单例题备课与教学"，而在我区开展的教学评一致性教学研究中，我们一线教师逐渐学会提高自己的站位，从解读国家课程标准入手，使教学逐渐走向了"整体—部分—整体"的思考，老师们意识到"部分"前面必须先有"整体"，即单课教学之前需要先进行单元整体设计。

崔允漷教授也曾说过，"学科核心素养的出台倒逼教学设计的变革，教学设计要从设计一个知识点或课时转变为设计一个大单元"[①]。也就是说，只有一个比课更大的单位，才能作为承载学科素养以及核心素养培养的"细胞"。

下面以青岛版五四制小学数学四年级上册第四单元《认识多边形》为例，汇报目前探索的单元教学设计的路径与方法。主要从四方面介绍各要素的设计路径和方法：确立主题单元；确定单元目标；设计单元评价；规划单元学习进程[②]。

一、确立主题单元

经过前期的研究，小学数学主题单元的确定主要考虑以下四个维度。

（1）教材自然单元。

（2）以重要数学概念或核心数学知识、知识结构为主线的主题类单元，即教材改良单元。

（3）基于课程标准指向模块与主题构建单元的经验单元。

（4）以数学思想方法为主线组织的专题类单元。

---

① 崔允漷. 学科核心素养呼唤大单元教学设计[J]. 上海教育科研，2019（4）：1.
② 本案例系威海经济技术开发区皇冠小学于燕超老师研制.

《认识多边形》单元是根据知识内容学习的前后递进和结构性，把跨单元内容中若干有关联的知识点重新组合形成的<u>教材改良单元</u>。

二、确定单元目标

单元目标的确立有四个步骤：两次对接，确立单元核心素养和大观念；聚焦课标内容标准，初步确立落实大观念学习要求所需的学习结果；分析教材，调整落实大观念学习要求所需的学习结果；分析学情，确定单元目标。

（一）两次对接，确立单元核心素养和大观念

学期纲要里分析过本册书指向"图形与几何"领域的大观念是：识别形体需从不同角度观察、发现。那么，具体而言，本单元的大观念又该怎么确立呢？主要是"两次对接"。

1. 对接学段目标，确定单元核心素养

根据课标，三个学段的学段目标都对空间观念做了明确的要求，因此，提炼出的第一个核心素养是直观想象下的空间观念。此外，第二、三学段都对推理能力提出了要求，因此，我们提炼出的第二个核心素养是发展初步的逻辑推理能力，至此，我们确定了<u>本单元要发展的核心素养是空间观念和逻辑推理</u>，其中，空间观念是主导素养，逻辑推理是辅助素养。

2. 对接课标内容标准，确定单元大观念

有了本单元学习最上位的素养指向也就是顶层目标后，如何让学生在学习中潜移默化地去落实这些素养呢？我们还需寻找链接本单元顶层目标与知识技能目标的"车辖"，即单元大观念。表3.20是课标第二学段与"平面图形认识"有关的内容标准。

表3.20 课标第二学段与"平面图形认识"有关的内容标准

通过观察、操作，认识平行四边形、梯形；
认识三角形，通过观察、操作，了解三角形两边之和大于第三边、三角形内角和是180°；
认识等腰三角形、等边三角形、直角三角形、锐角三角形、钝角三角形

从表3.20可以发现，高频词是：认识、平面图形、边、角。

通过分析可得到：认识平面图形，指向的是认识平面图形的特征，如何认识、观察图形的边与角。因此，将学期纲要的大观念具体化就得到了单元大观念——<u>"识别图形的特征可以从多角度观察、发现"</u>，其学习要求为：能从多角度观察、识别图形的特征。

这样，我们就确立了引领单元学习目标的"核心素养""单元大观念"，它们将如指路明灯一样始终照耀在单元学习的道路上。

（二）聚焦课标内容标准，初步确立落实大观念学习要求所需的学习结果

目标来自数学学科课标，为了使目标制定更加科学、有条理，我们再次聚焦课标中与本单元相关的内容标准，根据行为动词的认知水平以及核心概念的知识类型对其进行分层、合并，形成初步的单元目标。

表 3.21 是课标内容标准中关于本主题单元的要求。

表 3.21　与第二学段有关的内容标准

图形几何领域	（1）通过观察、操作，认识平行四边形、梯形； （2）认识三角形，通过观察、操作，了解三角形两边之和大于第三边、三角形内角和是 180°； （3）认识等腰三角形、等边三角形、直角三角形、锐角三角形、钝角三角形
综合实践领域	（4）结合实际情境，体验发现和提出问题、分析和解决问题的过程； （5）通过应用和反思，进一步理解所用的知识和方法，了解所学知识之间的联系，获得数学活动经验

下面我们以（2）为例具体阐述。

首先，根据行为动词和核心概念对内容标准进行分层。

在这条标准中，行为动词分别是认识、了解，根据义务教育课程标准有关行为动词的分类，它们分别属于理解层次和了解层次，"理解层次"要求学生能描述对象的特征以及对象间的联系；"了解层次"则是简单辨认即可。"核心概念"是三角形和三角形三边关系、三角形内角和，根据布鲁姆目标分类，它们均属于概念性知识；"通过观察、操作"属于行为条件。这样，一条标准就根据认知水平和知识类型完成了分层，其他内容标准也依此类推。

其次，合并处于同一认知水平或知识类型的内容标准。

例如，（1）是概念性知识的了解层次，单独为一条；（2）、（3）同属于概念性知识的理解层次，可合并为一条；（4）、（5）条同为综合实践领域解决问题的相关目标，可合并为一条。这样，原本没有层次的内容标准就变得条理分明了。之后，再根据知识发生的先后，微调一下目标的表述顺序即可。

根据内容标准的分析，再结合前期核心素养、数学思想方法等的分析进行补充，初步单元目标就形成了：目标 1 主要体现了图形特征的整体认识，目标 2 主要体现了图形的内部关系刻画，目标 3 则是图形知识方法的综合运用。3 个目标层层递进，具有内在的逻辑性和进阶性。

（三）分析教材，调整落实大观念学习要求所需的学习结果

1. 全学段"图形的认识"内容标准的梳理

为了系统地把握各学段在"图形的认识"上的相同点、不同点，我们梳理了第一到第三学段相关领域知识，形成了表 3.22。三个学段的相同点在于：课标中在第一、第二学段均大量使用"通过观察、操作、认识……"这样的描述，这说明在整个小学阶段，学生都需要在观察、操作中反复积累活动经验。它进一步帮我们明确了认识图形的过程和方式，同时也验证了单元目标中的行为条件的准确性。三个学段的不同点在于：各学段对"图形的认识"的侧重点不同，第一学段的行为动词大多为"辨认""初步认识"，属于了解层次，说明学生在该学段对图形的认识主要定位于能够结合具体实例辨认或举例说明，即对图形形成整体的、直观的认识。第二学段的行为动词上升为理解层次，要求学生对图形形成分析的、抽象的甚至关联的认识。第三学段行为动词的认知水平慢慢由理解层次提升为

探索、掌握、证明等层次，主要聚焦在深入探究图形的性质。在这种螺旋式上升的知识体系中，本单元《认识多边形》位于第二学段，是学生的认知水平从直观辨认上升为理解描述的转折期，对进入下一阶段探究图形的性质有着重要的铺垫作用。

表3.22 全学段"图形的认识"内容标准的梳理

第 一 学 段	第 二 学 段	第 三 学 段
（1）通过实物和模型辨认长方体、正方体、圆柱和球等几何体（一年级上册）； （2）初步认识长方体、正方形、三角形、平行四边形、圆等简单图形（一年级下册）； （3）通过观察、操作，初步认识长方形、正方形的特征（二年级上册）； （4）结合生活情境，初步认识角，了解直角、锐角和钝角（二年级上册）；	（1）结合实例了解直线、射线和线段（三年级上册）； （2）知道平角和周角以及其与锐角、钝角、直角的大小关系（三年级上册）； （3）结合生活情境了解平面上两条直线的平行和相交关系（三年级上册）； （4）通过观察、操作，认识三角形及其分类、平行四边形、梯形，了解三角形三边关系、三角形内角和（四年级上册）； （5）通过观察、操作，认识长方体、正方体、圆柱和圆锥（五年级上册）。	（1）通过实物和具体模型，了解从物体抽象出来的几何体 （2）理解三角形及其内角、外角、中线、高线等概念，了解三角形的稳定性；探索证明三角形内角和定理并掌握推论；理解三角形的概念…… （3）理解多边形的定义、定点、边、内角、外角、对角线等概念，探索并掌握多边形内角、外角和公式；理解平行四边形、矩形、菱形、正方形概念以及它们之间的关系，探索其性质……

2. 本单元教材内容体系分析

本册教材现有主题单元的编排分为三个主题情境，分别指向对三角形整体特征的认识、对三角形内部各元素之间关系的认识以及对四边形整体特征的认识。经过教材分析发现，其中，对于三角形内部各元素之间关系的认识，学生除了要经历观察、操作过程外，还需要通过猜想、验证的形式完成，因此，在目标二中，行为条件应微调为：通过观察和操作活动。

3. 多版本教材内容对比分析

为了更准确地进行教材分析，我们分别选取人教版、北师大版、苏教版的教材与青岛版教材进行了对比，不同的教材在编写时会有不同的呈现方式（见表3.23）。

表3.23 不同教材内容的对比分析

教材版本	知 识 点								
青岛版	三角形稳定性	三角形的认识	三角形的分类	三角形三边关系	三角形内角和	认识平行四边形	认识梯形		
人教版	三角形的认识（四下）	三角形稳定性（四下）	两点间的距离（四下）	三角形三边关系（四下）	三角形的分类（四下）	三角形内角和（四下）	四边形内角和（四下）	认识平行四边形、平行四边形易变性（五上）	认识梯形（五上）	四边形之间的关系（五上）

续表

教材版本	知识点						
苏教版	三角形的认识	三角形三边关系	三角形内角和	三角形的分类（按角）	等腰三角形和等边三角形	认识平行四边形	认识梯形
北师大版	图形分类	三角形分类	三角形内角和	三角形三边关系	四边形分类		

通过对各版本教材内容的梳理，我们在北师大版和人教版教材中关注到两个学习内容，分别是"四边形分类"和"四边形内角和"。对这两个内容，青岛版教材只在课后练习和全册总复习中出现寥寥数语，除此之外，在小学段再无相关知识的跟进，那么这两个学习内容到底有没有价值？

以"四边形内角和"为例，经过分析，从概念角度而言，本单元目前对四边形的概念理解偏重于整体认识，缺少对内部要素的细致刻画，"四边形内角和"正好能弥补这一缺憾。从课标而言，第三学段内容标准中明确提出"探索并掌握多边形内角、外角和公式"，该目标层级较高，小学段需要适当铺垫渗透，以跨越断层。基于这样的考量，我们决定增加单元内容，在完成四边形认识后，增加"四边形分类""四边形内角和"两课，对本单元内容做出调整。这样一来，单元内知识就表现出了层级性和进阶性。

此外，我们通过对各版本教材情境、路径以及内容进行对比分析后发现，各个版本教材的情境均是从生活物体中抽象出平面图形的；三角形、四边形均是按边和角分类的，分析教材后我们对原有的单元目标进行了调整、细化、完善；对前期初步确定的单元目标进行了调整。

（四）分析学情，确定单元目标

对学情的分析主要针对以下两个层面。

1. 基于课标与教材的学情分析

基于课标分析、教材分析，我们从已学习、已获得、现学习、将学习四个维度对单元学情进行了分析（见表3.24）。

表3.24 学情分析

年级	已学习	已获得（知识和能力）	现学习	将学习
二	线段的测量；图形的初步认识；角的初步认识	会用尺子熟练地测量线段的长度；能够辨认三角形；具有从边和角观察图形的活动经验；知道锐角、钝角、直角	三角形的认识	理解三角形内角、外角、中线、高线等概念

续表

年 级	已 学 习	已获得（知识和能力）	现 学 习	将 学 习
一、三	线段的测量；线的认识	会用尺子熟练地测量线段的长度	了解三角形三边关系	证明三边关系；探索内角和定理及推论；全等三角形等
二、三	角的认识；角的度量	知道锐角、钝角、直角；会用量角器量角	了解三角形内角和	
二、三	图形的初步认识；平行与垂直	能够辨认平行四边形；具有从边和角观察图形的活动经验；能判断、绘制互相平行和垂直的两条线段	四边形的认识	圆的认识、立体图形的认识；探索四边形的性质及定理

从总体来看，学生在学习本单元之前已经对三角形、平行四边形有了初步了解，能够根据图形的特征轻松地辨认三角形和平行四边形，也有从边、角两方面对图形进行研究的活动经验，因此，学生有比较丰富的知识基础和活动经验，这部分内容的学习也为其他平面图形、立体图形的认识打下了基础，起到了承上启下的作用。通过分析我们发现，对于三角形三边关系这一内容，学生前期仅仅会测量长度，距离探究三边之间的关系仍然存在较大差距，因此，三角形三边关系是本单元的难点。而反观三角形内角和，学生刚刚习得了角的度量技能，这对于学习三个内角的和起到了直接作用，因此，学生掌握起来比较轻松。本校学生学习能力相对较强，了解内角和这一普适要求远远低于城区学生的能力水平，而第三学段直接到达探索并证明（运用）层次，导致前后两个学段认知水平落差过大，因此，基于学情，我们提升了单元目标中"了解三角形的内角和为180°"的层级，改为"理解三角形的内角和为180°"。

2. 基于实证的学情调研

以上学情分析是根据课标、教材分析学生应该达到的水平，是教师的预判，但真正的学情如何，还需要基于实证的调研。在前认知与单元学习之间，我们设置了两个问题（见表3.25），以便于在单元学习之前通过问卷、访谈等方式了解学生的已有基础、最近发展区和学习障碍。

表3.25 学情调研

调 研 题 目	调 研 意 图
（1）下列哪些是三角形，简单说明判断原因	从边和角两方面观察、发现图形特征是本单元要落实的大观念，学生在前期有过以边、角研究图形的经验，但他们能主动迁移运用吗
（2）在点子图中画出你认识的平面图形，并标注图形名字	平面图形的初步认识是学生进一步认识图形特征的基础，学生对图形的认识是否完善？还存在哪些误区

经过以上四步的推演、调整，最终确定了以下相对科学、准确的单元目标。

通过单元学习，学生能从多角度观察、识别图形的特征，为此学生还需掌握如下3条目标。

（1）经历从具体物体中抽象出三角形、平行四边形和梯形的过程，通过观察、操作活动，认识三角形、平行四边形和梯形及其分类，能够描述图形的特征以及图形之间的区别和联系。

（2）通过观察和操作活动，了解三角形三边关系，理解三角形内角和、四边形内角和，发展初步的推理能力。

（3）结合实际情境，在体验发现、提出、分析、解决问题的全过程中，运用所学多边形知识与方法解决生活中的问题，体会分类、数形结合、归纳等思想方法，发展空间观念。

教学重点：认识三角形、平行四边形和梯形。

教学难点：三角形三边关系的探究。

这样，我们就形成了从既有目标出发，一路向下，凝练大观念，然后匹配完成大观念学习要求的必备知识、技能和情感，最终回归到核心素养的落地这样一个目标制定的流程。

三、设计单元评价

《义务教育数学课程标准（2011版）》"评价建议"中明确指出："评价不仅要关注学生的学习结果，更要关注学生在学习过程中的发展和变化。应采用多样化的评价方式，恰当呈现并合理利用评价结果。"基于此，为了让评价兼顾"过程"与"结果"，基于目标，我们将"形成性评价"与"总结性评价"相结合，其中，总结性评价占60%，包括单元测试、表现性评价等；形成性评价占40%，包括作业完成记录单、课堂练习、小组合作等。

在单元目标中，指向"认识、了解、理解、运用"等结果的目标主要通过作业完成记录单、课堂练习等方式进行测评；指向"经历、体验、体会"等过程的目标主要通过小组合作、表现性评价等方式进行测评。而且每一项评价都有不同的评价维度和不同的评价量规。

另外，本单元我们以"为悦海小学设计一面背景墙"为贯穿整个单元的大任务，这个大任务既是学习任务也是评价任务，学生一方面利用所学知识不断尝试完成这个任务，另一方面，老师也根据预设的评价量规来收集学生学习的结果。

具体评价过程中，我们还把教师、家长、同学及学生本人作为评价者，综合运用教师评价、学生自我评价、学生互相评价、家长评价等方式，对学生的学习情况和教师的教学情况进行全面的考查。

四、规划单元学习进程

为了让教学更好地走出"单例题备课与教学"的局限，从"整体走向部分再走向整体"，我们对单元学习进行了整体规划。

首先，我们进行了专题的划分。通过单元目标可以发现，本单元大观念的落地需要通过三个大专题完成，分别是认识三角形专题、认识四边形专题以及在应用中深化图形认识专题。又因为三角形相关知识可以为四边形特征研究打下基础，四边形特征研究可以转化为三角形的相关知识，因此，三个专题的排序是认识三角形——认识四边形——在应用中深化图形认识。其中，在三角形专题中，图形的特征学习是从图形整体特征认识与内部要素间关系两部分进行的，因此整个单元最终细解为四个小专题，每个专题又下设多个具体的学习内容。

其次，每个小专题都对应着自己的专题目标，专题目标的确立可按内容从单元目标中抽离。

再次，对单元学习内容的层次进行探究。在单元中，三角形整体特征的认识是整个单元的基础，起到起始课的作用；三角形内部要素联系是认识图形特征的深化，在本单元担任着转折课的重要作用；四边形的认识迁移了三角形认识的相关知识和活动经验，是承接课；而图形的密铺是综合运用课，这样，单元内部就形成了起、转、承、合四大层次，把握了这样的层次关系，教师可以在授课时整体安排、重点突破。

最后，对单元整体任务进行设计。为了便于整体设计，本单元设计了"巧手小工匠"的主题情境贯穿前后；再将每个版块设计成不同的任务展开学习（如图3.3），每个专题的学习均注重基本问题的提出与解决，通过解决基本问题，有效达成各专题目标，最终实现单元目标的达成，从而促进学生单元大观念的形成，使核心素养得以顺利落地。

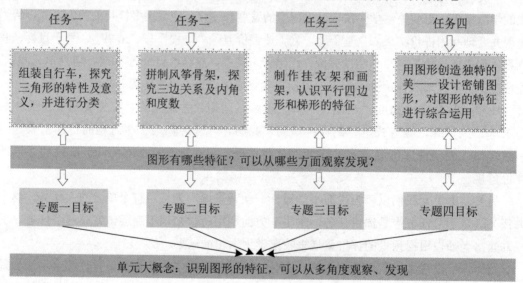

图 3.3 基于任务展开单元设计

至此，我们就完成了主题单元——单元目标——单元评价——单元规划的完整设计过程，架构出了相对完善的单元地图。

杜威说过，教育并不是一件关于告知和被告知的事情，而是一个主动建构的过程。变革"教"才会促进"学"的变化。回顾单元设计的路径，我们从对接课标找到核心素养，找出大观念，又找出必备知识技能和情感来与之进行匹配，再通过分析教材、学情确定单元目标，然后从目标出发确定达成目标所需的证据，设计不同的评价任务及评价量规来获取证据，最后围绕目标和相关评价标准，设计单元学习进程，从而使教、学、评一致地支撑着教与学。

第六节 《分数加减法》单元设计叙事：不仅仅是一波三折

故 事 缘 起

2019年12月，杭二中白马湖学校与浙江工业大学教科学院邵朝友领衔团队开展合作。作为合作课题"大观念导向的课程教学行动研究"的重要组成，大观念导向的单元设计乃重中之重。步入2020年新学期，学校部分教师开始尝试撰写单元教学方案。为了让教师更好、更快地进入角色，校长胡晓敏亲自"披挂上阵"、身先士卒，研发单元《分数加减法》教学方案以供教师参考。下面的内容展现了胡晓敏与邵朝友一起创设课程的行与思。

第一波：这个单元设计总体怎么样

快3月了，春天睁开惺忪的眼，受到新型冠状病毒肺炎的影响，浙江省中小学纷纷开展网络教学。2月26日，我收到一个微信留言：

胡晓敏：邵教授，这是我的单元设计，麻烦您帮忙指导下，看看总体情况怎么样。

邵朝友：不客气，我先看看。

胡晓敏：逆向单元设计需要在做中学，我总结了几条感悟：① 所确定的目标部分。主要写与本单元紧密相关的学科核心素养要点（数学抽象、逻辑推理和数学建模）以及数学思考、情感态度等目标。② 单元目标部分。主要写与本单元紧密相关的学科核心素养要点（直观想象、数学运算和数据分析）以及知识技能等结果性目标。③ 学习计划部分。依据"预期结果"和"评估证据"重新设计整个单元的教学进度、学习内容和课时安排。

邵朝友：好的，这已经实实在在地体现了逆向设计的三个关键组成了，待会儿再联系。

邵朝友：胡校长好！这个文本的总体设计挺好的！相关建议见文本，仅供参考哟！

胡晓敏：谢谢！

相关文本如表3.26所示。

表3.26 《分数加减法》单元设计（第一稿）

单元计划封面	
单元题目：分数加减法 学科：小学数学　单元设计者：胡晓敏	年级：五年级下册 期限：7课时
内容标准： （1）能进行简单的分数加减运算和混合运算（不超过三步）。 （2）能解决运用分数加减法的简单实际问题。 建议：如果可能，标出内容标准的出版年月、页码等简要信息，以便同行查阅	
单元内容摘要（含课程和单元目标）： （1）掌握必要的分数加减的基本方法和巧算技能。 （2）从日常生活中发现并提出简单的问题，运用分数加减法解决。 （3）发展合情推理的能力，感受数学的严谨性和一致性。 建议：再简要地增加一些其他信息，如本单元学习内容、主题、学习方式。上述内容也可不用条目形式呈现，可以把目标写得更简要概括点，这样可避免与下文目标部分重复	

续表

单元设计状态	
☑ 初稿日期　2020 年 2 月 26 日；□修订日期 □同事评论　　□内容修订；　　□课堂检验　□修改定稿	
阶段 1——预期结果	
所确定的目标：经历"分数加减"运算方法的探索，发展合情推理能力，体验追问质疑的意义和价值。 建议：一般要从已有的目标开始，如国家课程标准中的某几条内容标准	
大观念："单位相同"的数才能直接进行加、减运算	基本问题：可以直接加减吗？为什么？ 建议：因为对象是小朋友，所以尽量使用小朋友可以理解的语言
单元目标： （1）掌握同、异分母分数加减运算方法； （2）掌握分数加减混合运算方法； （3）掌握快速、灵活地计算加减运算的方法； （4）运用"分数加减"解决生活问题。 建议：这些不是单元目标的全部。如果可能，整个阶段 1 可重新整理下，写出针对的学科核心素养。另外，因为我不懂数学，不知道上述 3 点是不是已经体现了大观念	
阶段 2——评估证据	
表现性任务： （1）应用"分母不变，分子直接相加减"的方法运算同分母分数加减算式，即 $\dfrac{a}{c} \pm \dfrac{b}{c} = \dfrac{a \pm b}{c}$。 （2）应用"先把异分母分数通分"再进行加减计算，即 $\dfrac{a}{c} \pm \dfrac{b}{d} = \dfrac{ad \pm bc}{cd}$。 （3）应用计算"混合分数"的三个技巧：多个分数直接通分运算；选择 2 个或 3 个分数先组合运算；运用运算律进行简便计算。 （4）分析双休日两天中各项活动所占的时间的多少（用分数表示）并评价其合理性，提出更加合理、科学的作息建议	其他证据： （1）自主完成、订正相关作业。 （2）单元测试 90 分以上。 （3）单元测试后，学生个人学习小结。 建议：这部分尽量用统整性的任务。另外，注意排版，让右边少点空间
阶段 3——学习计划	
（1）总结"自然数的数量加减法"的本质意义、运算原理和运算律（第 1 课）。 （2）探索同分母、异分母分数加减运算方法（第 2 课）。 （3）巩固熟练同分母、异分母分数加减运算（第 3、4 课）。 （4）探索分数加减法混合计算方法（含运算律应用）（第 5 课）。 （5）巩固熟练分数加减法混合运算（第 6 课）。 （6）运用计算方法以及规律解决应用问题（第 7 课）。 建议：体现出大问题了吗？它又是如何与这 6 个活动联结起来的	

第二波：目标与评价设计再研究

胡晓敏：邵教授，我这两天在修改您指导过的设计方案，有几个问题想和您探讨一下：
① 按照《追求理解的教学设计》一书，"大观念"是不是追求理解的一种主要方法或者说

是我们目前研究的内容？根据书中的案例，确定预计结果为"所确定目标"+"预期理解和基本问题"+"知识技能"。② 《理解为先模式》单元教学设计指南中把预期结果分为学习迁移、理解意义（深入持久地理解+核心问题）、掌握知能（知识与技能）。③ 基于上述两点，那么大观念就是理解意义的一部分，甚至是我们研究的方法。

胡晓敏：谢谢邵教授，望指点！

胡晓敏：如果我们的理解是对的，那么我有一些小设想要和教授探讨：① 是不是可以把我们的模式（确定预期结果这一部分），尤其是数学学科，变成"大观念+基本问题、知能目标……"，主要的想法是更加直观和符合教师日常知识结构。② 在评估证据中，如果是科学、综合实践、思想品德，用统整性任务是比较"完美"的，但是一些基本学科，如小学数学、小学英语还要求关注基本知识和技能，所以我个人关于这部分的想法是小学数学学科可以以知识技能为主，辅以统整任务，二者相结合……再次谢谢！

邵朝友：想法挺好的！建议如下，供参考：① 大观念的理解指向迁移能力，预期学习结果为"'理解'大观念+基本问题+知能目标"。请注意，维金斯的"理解"不是我们平常的理解，而是分为 6 种水平，含有情感目标的。但我们可以不用照搬，如为了简化，可以直接用自己的语言写出。② 我们对情感目标关注得不多，先暂时放一放，一个勉强的理由是在学习过程或问题解决过程中自然已经包含了情意。③ 科学、综合实践等学科可用统整性任务，数学也是可以的，关键可能在于数学这种统整性任务比较难找到。如果实在不好找，目前这样处理也比较好。

胡晓敏：收到！

胡晓敏："评估证据"所描述的是我希望可以直接作为单元命题的参考内容，科学、综合实践是可以通过完成一个任务来考核学生的学习情况的，而目前小学数学单元测试以及区统测中的知识与技能还占 90%以上，即便是任务或问题解决，也是一小题一小题的，和我们小时候做得差不多，PISA 那种会好一些。

邵朝友：还是那个问题，统整性任务或题目比较难研制，现成的也不多，那就用以前的单元测试吧，但尽量减少填空题和选择题的数量，增加综合题的数量，如增加一个综合题，减少几个选择题或填空题。另外，学校也可以有意识地进行试题库建设，尤其要收集整理统整性题目。

胡晓敏：谢谢邵教授，我按照刚才讨论的去修改一下。

邵朝友：好的。对了，补充一句，如果要用某种学习目标分类，不要硬套用人家的术语，就用自己的语言来写，但要清楚这个任务指向的认知目标，如"创造"。可以在目标写好的句子后面做个说明，如果不借鉴，也没有关系。

胡晓敏：嗯，谢谢！这也是我在思考的，可以结合课程标准中的一些描述，毕竟老师们已经很熟悉课标了，但要清楚目标层次，做说明是一个好方法。

邵朝友：你是懂业务的好校长！科研就应该这样做，直接与课堂教学评价挂钩！先采取小步骤为宜，以后有机会可以大步流星的。可尝试收集 PISA、NAEP、TMISS、PIRLS 考试题目，然后看看是不是有中文版翻译，这样可以得到不少好题目和好统整性任务，语文、数学、科学等都可借鉴的。以前我有收集的，如果找到了，发给你。

胡晓敏：嗯，谢谢教授指导！希望做一个受老师欢迎的课题，目前报名这个课题的老师非常多，学校也没有动员和强求；做一个可持续，越来越深入的课题⋯⋯希望教授继续指导和关心。

邵朝友：我已年近半百，想尽力做一些自己喜欢的又有价值的研究，如果有缘总会继续的。其实有时候有个抓手，可以涉及很多东西的，慢慢就可以扩散出去。尽量做真科研吧，对老师和学生确实有帮助，也不用那么好高骛远。

胡晓敏：OK！我去上课了，辛苦您在第二稿（见表3.27）上提点建议吧，再次谢谢！

邵朝友：没事的，你忙，保持联系！

表3.27 《分数加减法》单元设计（第二稿）

单元计划封面	
单元题目：分数加减法 学科：小学数学 单元设计者：胡晓敏	年级：五年级下册 期限：7课时

内容标准：
（1）能进行简单的分数加减运算和混合运算（不超过三步）。
（2）能解决运用分数加减法的简单实际问题。
[义务教育数学课程标准（2011修订），P21]

单元内容摘要（含价值、内容和学习基础）：
分数的加法、减法是数学运算的重要基础知识之一，能否掌握分数加、减法的计算方法是评价学生是否拥有良好的运算能力数感的重要指标。
本单元学习的内容：同分母分数相加减、异分母分数相加减，分数加减法混合运算以及加法运算律推广到分数。
这些内容的学习在学生掌握了整、小数加减法的意义及其计算方法，分数的意义和性质以及三年级学习的简单的同分母分数加减法的基础上进行教学

单元设计状态
☑ 初稿日期 2020年2月26日 ☑ 修订日期 2020年3月2日 □ 同事评论 □ 内容修订 □ 课堂检验 □ 修改定稿

阶段1——预期结果

建议： 按道理，这里要写上内容标准和其他如学科核心素养等国家公布的目标，在我们本土化下，增加学科核心素养，让老师养成一个习惯，进而形成一种意识。

所确定的目标：
经历"分数加减"运算方法的探索，运用"化归"数学思想发展合情推理能力，感受数学的严谨性和统一性。（胡：个人觉得这是数学思考和情感态度方面，可结合高中数学核心素养和课程标准进行描述）

大观念： （1）分数加法（小学）是自然数加法推广。 （2）"单位相同"的数才能直接加、减运算。 （胡：可迁移的、解决问题的核心方法、策略、思想） 建议：上述还没有写出大观念的学习要求，可用如下方式： 理解事项： （1）诠释分数加法（小学）是自然数加法推广（大观念）。 （2）在不同情境中应用"单位相同"的数才能直接加、减运算来解决问题（大观念）	**基本问题：** 这两个分数可以直接加、减吗？为什么？

续表

知能目标:
(1) 阐述和解释分数加、减法运算法则。
(2) 应用法则计算同分母、异分母、混合分数的加减计算。
(3) 分析混合算式特点,借助法则、运算律及"特别"规律进行快速计算
(胡:主要与知识与技能目标,含课标中所界定的"解决问题")

阶段2——评估证据

表现性任务或实作任务:	其他证据:
(1) 正确地、迅速地运用计算法则,计算形如 $\frac{a}{c}\pm\frac{b}{c}$、$\frac{a}{c}/\pm\frac{b}{d}$、$\frac{a}{c}\pm\frac{b}{c}\pm\frac{b}{d}$ 的算式。 (2) 合理地选择运算技巧,如多个分数直接通分、选择2个或3个分数先算、运用运算律计算和"特别"规律等,进行正确、迅速地计算。 (3) 全面地分析双休日两天中各项活动所占的时间的多少(用分数表示),检查其合理性,设计出更加合理、科学的作息建议	(1) 完成作业本作业。 (2) 完成一份本单元学习内容的思维导图。 (3) 单元测试90分以上

阶段3——学习计划

建议:可否在第一节课引入一个与大观念相关的问题,就是说,用问题来导入。
(1) 计算并思考同分母加减法,总结"自然数的数量加减法"的本质意义,即"*相同单位才能直接加减运算*"和"*分数加减运算是自然数加减的推广*"(大观念)(第1课)。
(2) 运用"*相同单位才能直接加减运算*"(大观念),探索或解释异分母分数加减运算方法(第2课)。
(3) 巩固熟练同分母、异分母分数加减运算(第3~4课)。
(4) 探索分数加减法混合计算方法,并推广运用"*自然数加减法运算律*"(第5课)。
(5) 巩固熟练分数加减法混合运算(第6课)。
(6) 综合运用计算法则、运算律、运算规律等知能,解决稍复杂混合计算问题,解释和评论相关数学问题和生活情境(第7课)
(胡:斜体字就是大观念在新知教学中的运用和体现)

第三波:课时教案是学习计划吗

胡晓敏:邵教授好!这两天看了逆向设计的书,发现我对学习计划理解得还不是很到位,我原来理解的教学计划是一课时一课时的,而理论书中的教学计划是各种活动……

邵朝友:非常对!逆向设计主要针对的是以单元或者学期为主,用于教案不是不可以,而是较难体现它的优势。

邵朝友:可以借鉴威金斯和麦克泰的WHERETO来设计学习计划,也可以不用,反正中心思想是如何让学生更好地学习。

邵朝友:对于学习活动设计的理解,我们可以这样思考:假设你的教案是课时教案,那么每个单课的主要活动全部加起来,就是整个单元的学习活动。因此,逆向设计中的第三个步骤是设计单元核心活动,但这与教案不冲突。

胡晓敏:这样完全打破原有的教学模式,这个学习计划是指准备采用什么学习活动或者说课时中的学习活动,是教学的一个核心活动或内容。

邵朝友:对的!但与教案不冲突,因为某个核心学习活动可能就是某个教案的核心构成,所以可以保持教案的,否则教师一下子很难接受。

邵朝友:你就按原来那样写,没有关系的!但自己心里要清楚。

胡晓敏：是的，我也这么考虑。

胡晓敏：我现在的想法是：学习活动+原有教学计划，两者兼而有之，教学计划还是要保留的。

邵朝友：因为他们是以活动为载体展开单元教学的，那么，这样的活动如何设计就非常重要了！国外的一些顶级教育学区都是花大力气设计这样的学习活动的。下次我们会专门针对这个研讨2~3次。

胡晓敏：明天上午，我以教材的课时编排为线索，设计"教学活动"试试看…… 我开展研究的初衷是通过大观念，让教师更好地理解教材…… 尤其是年轻教师，能紧紧抓住要点，不会跑偏…… 邵教授的理念则是更好的层次……

邵朝友：看看能不能这样处理：（1）先定下目标后，想想需要哪些核心活动来实现它；（2）对照教材、课标等大致勾勒出若干活动，如6个核心活动；（3）接着每个课时或者说写教案时，把这些活动各自"领回家"。这样，看看教师是不是能熟悉点，也更容易接受。

邵朝友：这里的目标在大观念引领下设计核心学习活动。另外，这些核心学习活动如果熟悉了，其实就是围绕大问题（主要问题）展开的，现在如果不熟悉，先暂时放一放。

胡晓敏：谢谢！晚安！

邵朝友：好的，晚安！

第四波：是的，我们还一直在路上

胡晓敏：邵教授，我现在的思考与问题是：学习计划写的是学习活动，但为了方便年轻老师理解、紧密联系知能目标，个人觉得还是要写一下传统课时教学计划。问题是学习活动要不要写得更加具体？要不要把上课中的整个情境的"图与文字"写上去？我这次运用的都是教材中的情境与问题，那么是不是要注明教材中问题或情境的具体位置，如第几页第几题，为了方便老师相互直接交流和理解，现在觉得可能是需要的。

邵朝友：这样很好！学习计划这部分很具体，让人可以直接看出它们与目标、评价的匹配关系。如果题目来自教材，不好呈现，就简单地做个说明。

胡晓敏：我都进行了说明。这个课题我想先解决我校新教师多和教材变化大的问题，等课题研究持续推进后，就可以再"做"一些"高大上"的东西。

胡晓敏：实践是最好的学习，这次网课学习电脑技术也是如此，感谢教授的悉心指导，期待未来您能来校进一步指导！

邵朝友：不客气，慢慢来吧！

邵朝友：此外，基本问题怎样与学习活动联系起来？基本问题有两类，一是概括式基本问题，二是主题式基本问题，它们是如何相互配合的？如何融入学习活动中？如果现在不好改动，之后再修改吧，目前这样已经很不错了！

胡晓敏：我稍微修改了一下，把基本问题（斜体字体）紧密围绕着讨论教学活动……

邵朝友：主题式基本问题的迁移能力不是很强，一般用这个"开路"后，再提升下，让学生思考更基本的问题，如"什么时候数可以相加？"，其实想表达的是数的相加有个前提，即像单位或量纲一样，或者更深层的意思是：数不是中性的，尤其是生活中的数，它是有意义的！当然，小朋友未必通过学习这个单元就马上掌握这些知识，这是长期努力慢慢养成的。但如果不说，就错过了这样的教育机会。

邵朝友：类似上面这样的问题是主题式基本问题的提升，即概括式基本问题。如果只有概括式基本问题，由于它比较宽泛，教学将较难展开，因此，两者都要有。

邵朝友：这些都说明课程教学不仅要"小"，也要"大"，尤其是我国一线课堂需要多点"大"的，所以要有大观念、大问题、大任务。

胡晓敏：概括式基本问题体现在：第一总结归纳出，直接整数、小数因为单位相同可以相加，所以分数单位相同也就可以相加；第二，因为分数加法是自然数加法推广，所以原来学习的运算律这里也可以用……

胡晓敏：第一节主要解决的就是这个问题。

胡晓敏：同分母分数相加是非常简单的，只要一句话，这个大观念是我想让学生建立的。

邵朝友：可以！最后能否把学生的总结与反思凸显出来？

胡晓敏：对的，如果在单元自我小结体现，说明孩子掌握了"大观念"、运算的"真理"。

邵朝友：胡校长，到目前为止这个设计做得越来越精致了！

胡晓敏：辛苦邵教授了！但正如您说的，基本问题的设计还考虑得不多，需要结合更具体的教学活动过程进行细致，其他不少地方也有很大的提升空间。

邵朝友：已经不错了，慢慢来吧！教育教学总是行走在路上。

邵朝友：我准备写个教育叙事，把我们的交流过程描述出来。只是因为教案表格好几页，故事不大好展开。我先试试看行不行，如果成了，可以发给老师们看。

胡晓敏：好的，午安，这是目前最后的修改稿（见表3.28）了……

邵朝友：好的。

表3.28 《分数加减法》单元设计（第三稿）

单元计划封面	
单元题目：分数加减法	年级：五年级下册
学科：小学数学　单元设计者：胡晓敏	期限：7课时
学习内容分析（基本内容、地位和基础）	

本单元学习的内容有：同分母分数相加减、异分母分数相加减，分数加减法混合运算，以及加法运算律推广到分数。

分数的加法、减法是数学运算的重要基础知识之一，能否掌握分数加、减法的计算方法是评价学生是否拥有良好的运算能力、拥有良好的数感的重要指标。

这些内容的学习在学生掌握了整、小数加减法的意义及其计算方法，分数的意义和性质，以及三年级学习的简单的同分母分数加减法的基础上进行教学

（胡：摘自于教学参考用书）

单元设计状态
☑初稿日期　2020年2月26日　☑修订日期　2020年3月6日
□同事评论　□内容修订　□课堂检验　☑修改定稿
阶段1——预期结果

所确定的目标：

（1）能进行简单的分数加减运算和混合运算（不超过三步），能解决运用分数加减法的简单实际问题。（义务教育数学课程标准（2011修订），P21）

（2）经历"分数加减法"运算熟练，提升运算能力，建立良好的分数数感。

（3）探索"分数加减"运算方法，运用"化归"数学思想，发展合情推理能力，感受数学的严谨性和统一性（胡：内容标准+学科核心素养）

续表

理解大观念：	基本问题：
（1）诠释分数加法（小学）是自然数加法的推广。 （2）应用"单位相同"的数才能直接加、减运算来解决"单位不相同"问题 （胡：可迁移的、解决问题的核心方法、策略、思想）	这两个分数可以直接加、减吗？为什么？

知能目标：

（1）阐述和解释分数加减法运算法则。

（2）应用法则计算同分母、异分母、混合分数的加减计算。

（3）分析混合算式特点，借助法则、运算律及"特别"规律进行快速计算

（胡：主要写知识与技能目标，含课标中所界定的"解决问题"）

阶段2——评估证据

表现性任务：	其他证据：
（1）正确、迅速地运用计算法则，计算形如 $\dfrac{a}{c}\pm\dfrac{b}{c}$、$\dfrac{a}{c}\pm\dfrac{b}{d}$、$\dfrac{a}{c}\pm\dfrac{b}{c}\pm\dfrac{b}{d}$ 的算式。 （2）合理地选择运算技巧，如多个分数直接通分、选择2个或3个分数先算、运用运算律计算和"特别"规律等，进行正确、迅速地计算。 （3）全面地分析双休日两天中各项活动所占时间的多少（用分数表示），检查其合理性，设计出更加合理、科学的作息建议	（1）完成作业本。 （2）完成一份本单元学习内容的思维导图。 （3）单元测试。 （4）写一份单元学习小结

阶段3——学习计划

（1）小组讨论（教材P89—例1）"爸爸妈妈一共吃了多少块蛋糕？$\dfrac{3}{8}+\dfrac{1}{8}=$？"为什么是4/8？为什么是分子可以**直接相加**？（理解同分母分数加减计算的算理，即"相同单位才能直接加减运算"和"分数加减运算是自然数加减的推广"，掌握计算方法）（第1课）

（2）独立探索（教材P93—例1）"日常生活中可回收垃圾占几分之几？$\dfrac{3}{10}+\dfrac{1}{4}=$？"*为什么不能直接相加？*怎么样才能相加？（体验转化数学思想，掌握异分母分数先通分，后加减的计算方法）（第2课）

（3）学生练习、计算各种同分母或异分母分数加减算式（教材P91，92）（巩固和熟练计算方法）（第3~4课）。

（4）全班交流（教材P97—例1）"森林部分比草原部分多几分之几？$\dfrac{1}{2}+\dfrac{3}{10}-\dfrac{1}{5}=$？"*不能直接相加怎么办？*有哪些解决的方法？（了解和掌握分数加减混合运算的多种方法：三个通分、利用运算律两个先相加或相减，化小数）（第5课）

（5）学生练习、计算各种分数加减法混合运算方法（巩固熟练分数加减混合运算的各种方法以及技巧）（第6课）。

（6）讨论交流（教材P100—第4题）"在学校一天中各项活动生活占几分之几？相差几分之几？"为什么选择这几个分数"**先转化，再直接相加**"？（综合运用计算法则、运算律以及发现一些运算特点等知能）（第7课）

（7）学生完成"分数加减运算"的思维导图（回家作业）。

（8）教师组织"分数加减运算"的单元测试（第8课）。

（9）学生写一个关于本单元学习的小结（回家作业）

第四章 追求可视化学习教案

学习目标

- ☑ 理解教案设计为何要追求可视化学习；
- ☑ 理解可视化学习教案设计的基本要求；
- ☑ 设计出一份凸显可视化学习的教案。

第一节 传统教案的审视与突破：走向可视化学习教案

教案即教师最为熟悉的教学方案，它直接关系到每个课时的实施与效果，每个有志于教育的教师无不重视教案的撰写。随着教育理论与实践的发展，人们越来越认识到传统教案的不足之处，因此迫切地需要一种新的教案，而可视化学习（Visible Learning）教学理论能为此提供启示。

一、亟待革新的传统教案

最早的教案伴随"班级授课制"而来，被视为课堂活动的蓝图，用以指导具体教学的实施。完整的教案通常包含几大要点：教学主题和课时，教学目标，学情分析，教学准备，教学重、难点，教学进程以及板书的设计等。

在以教师为中心的背景下，传统教案受到一系列框架的约束以及硬性规定的限制，往往过于重视形式，逐渐沦为只对教师可见的"独角戏剧本"，教师只要按照"剧本"完整地表演完"课堂戏"，一切似乎就大功告成了。这种"教案"与"教学"分离的"两张皮"

现象集中体现在条目式和表格式两种模式的教案中。这两种教案模式看似便于教师填充内容，也便于学校对教案的检查，但抽象和概括化的"教学目标"和"学情分析"既不服务于教师的教，也不服务于学生的学。事先拟好的教学进程就像未卜先知，教学方法倾向于教师的单向讲授，以模拟师生对话的形式呈现，针对不同教学风格的教师以及不同学情的学生，甚至可以照搬同一份教案。不幸的是，在学生反馈的环节，这种教案通常收到的回复就是"我没有听懂"或"我还是不会"。追根溯源，这些教案不指向学生的同时也不服务于学生。

在以学生为中心的背景下，有学者从课堂信息传递的角度提出"学生学会"的条件是经历两次信息转换的过程，分别是从教到学的第一次信息转换和从学到学会的第二次信息转换。[①]这两次信息转换涉及多个课堂要素，从教材到教师，从教师到课堂，再从课堂到学生，两次转换缺一不可。就此而言，传统的教案通常停留在教材或教师层面。

确实，编写教案是一项极具复杂性和个性的工作，一份专业的教案应当充分地展现教师的个性特点以及长年累积的教学经验。从教到学会，教案的编写要考虑众多因素，做到上承课程标准、教材，下接课堂、学生。教学的根本目的在于促进学生的学习，因此教案的编写必须落实到学生层面。为落实如此目的，教案中，教师和学生理应形成一种互动和对话的关系。要实现互动和对话，就有必要让教案做到不仅使学生的学对教师可视，也使教师的教对学生可视。因为只有这样，互动与对话才可能结合实时教与学的情况，有的放矢地对教案进行调整与深入。

二、可视化学习教案的提出

（一）传统教案定位的转变

从教案出现到发展的过程中，有许多学者站在不同角度上对其展开研究。例如，朱广艳和许雄将教案视为"以'课堂、教师、教材'为中心的传统教学思想的体现，核心目的就是教师怎样讲好教学内容"[②]。毫无疑问，此时，教案编写以教材和教师为中心，不考虑学生，用课程标准、教材等填充作为工作重心，于是在很长的一段时间内，"抄教案""补教案"的现象层出不穷。南纪稳和殷春华认为，教案是"教师为有效进行教学活动而事先设计的工作蓝图"[③]，此时，教案主要还是围绕教师，普遍缺少"学情分析"部分。敖俊梅同样站在教师的立场对教案进行定义，她认为，教案是"教师反思和行动的有效途径"[④]，这意味着教案已经突破僵化的状态，逐渐向凸显教师的个性化和行动化过渡，教师可以结合学生的情况灵活地编写教案。而后，安桂清和桑雪洁提出将单线型教案细化为两栏，增加教师对学生主体活动的设计以及设计意图，使之成为复线型教案的建议。[⑤]这一方面说明

---

① 崔允漷. 学历案：学生立场的教案变革[N]. 中国教育报，2016-06-09.
② 朱广艳，许雄. 教案与教学设计[J]. 中国电化教育，1998（8）：38-39.
③ 南纪稳，殷春华. 优秀教案的特征[J]. 教育科学，2003（2）：27-28.
④ 敖俊梅. 教案反思——教师行动研究视角[J]. 教学与管理，2010（2）：19-21.
⑤ 安桂清，桑雪洁. "教师如何做课例研究"之二 教案的合作设计[J]. 人民教育，2010（22）：47-50.

教案的模式并不是固定不变的,另一方面也说明教案亟须突破只关注如何教的局面,增设有关如何学的内容,由此体现出教案的重心开始向学生倾斜。《学历案:学生立场的教案变革》(2016)一文认为教案是"关于学习经历或过程的方案"[①],这颠覆了站在教师立场看待教案的传统视角,完全从学生出发,教案被用以指导学生的学习活动。在今天,"教案"的内涵继续得到丰富,它可以作为教师教与学生学的转化中介。通过教案这一工具,教师能够知道教的过程,学生也能知道学的过程,如此既有利于教师的专业发展,也有利于学生的课程学习。

(二)从可视化学习到可视化学习教案

如何实现对传统教案定位的转变?可视化学习可以作为实现这一转变的理论基础。"可视化学习"这一概念最早由澳大利亚墨尔本大学教育研究所主任、教授约翰·哈蒂(John Hattie)提出,之所以提出该概念乃源于他思考的一个问题:学业成就的影响因素中,哪些因素更有效?为解答这一问题,他用了 15 年的时间对涉及 2.36 亿儿童的 800 多份元分析进行了再次分析,即元元分析(Meta-Meta-Analysis),并将 138 个影响因素综合归纳入学生、家庭、学校、教师、课程和教学六大范畴,发现对学业成就影响最大的因素是教师。尽管他认同教师在学生的学习中担当着极其重要的角色,但他更强调教师的力量,于是他把古希腊格言"认识你自己!"改为"认识你自己的影响力!",呼吁教师要评估和反思自身对学生的影响力,并认识自己的潜力[②],由此提出教与学对教师和学生都要可见。

上述的这些相关分析和有关可视化学习的内容可参考 2008 年出版的 *Visible Learning: A synthesis of over 800 meta-analyses relating to achievement*(《可见的学习:对 800 多项关于学业成就的元分析的综合报告》)。该书不仅全面地比较了影响学业成就的 138 个因素,而且构建并阐释了关于可视化学习的教学模型。不久,"可视化学习"理论得到迅猛发展,2011 年,*Visible Learning for teacher: Maximizing Impact on learning*(《可见的学习——最大程度地促进学习》)一书正式出版,它基于第一本书将理论落实到实践之中,进一步分析了如何使"可视化学习"理论在更多的教室得到应用。2013 年,在前面两本书的基础上,*Visible Learning and the Science of How We Learn*(《可见的学习与学习科学》)出版,该书主要解决"可视化学习将给我们的教学带来什么样的启示?"以及"我们的学校中如今究竟在进行着什么?"[③]等问题,进一步深化了可视化学习理论。

传统的教学论认为教学的中心要么在于教师,要么在于学生,而哈蒂的"可视化学习"教学理论倡导了一种角色换位,他认为师生之间的关系不能单纯地归于以教师或学生为中心。他指出,教与学的过程及结果对教师和学生来说应都是可视的,"可视"方面指让学生的学对教师可见,从而使教师成为自身教学的学习者;另一方面指使教学对学生可见,

---

① 崔允漷. 学历案:学生立场的教案变革[N]. 中国教育报,2016-06-09.
② 彭正梅. 寻求教学的"圣杯"——论哈蒂《可见的学习》及教育学的实证倾向[J]. 教育发展研究,2015(6):1-9.
③ 李振权,黄祎婷. 可见性学习:兴起、内涵与实践价值[J]. 现代教育科学,2018(8):6-7,11.

从而使学生学会成为自己的教师,由此对于学生学习的最大效果就会发生。①简而言之,"可视化"即教育者及学习者都要知道自己的影响,这才是有效的"教"与有效的"学"的本源。可视化学习之所以能使学生学习效果最大化在于它能够帮助学生将注意力转向关键和实质的信息,以加深对知识的短时记忆,与此同时,它还能帮助学生更好地理解知识,促进知识进入长时记忆。在认知心理学中,认知过程被视作信息加工的过程,学生通过感觉器官接收到信息之后,被感觉"登记"的信息就进入短时记忆,而视觉是人类最高效的感觉通道,因此经历视觉刺激的可视化知识能够更容易被"登记"。而短时记忆的储存空间是有限的,只有经过进一步的加工,并同时激发以语言文字为基础的加工系统和以表象为基础的加工系统才能够使信息进入长时记忆。而可视化知识能在语言信息的基础上再生成表象信息,对两类信息同时进行"编码"可帮助学生理解,使知识永久地保留在大脑中。此外,可视化学习能很好地消除语言所产生的碎片化学习的特征,其视觉化表达具备强烈的"整体性"特征,善于"表达关系",使得大脑能更好地加工复杂的信息。可视化学习的主要目的是改进多人知识的创造与转移,并帮助他人正确地重构、记忆和应用知识,因此在教学中要想实现"教"向"学会"的转移,就要使教和学都可视。

如图4.1所示为"可见的教-可见的学"模型②。

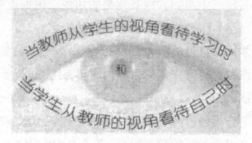

图4.1 "可见的教-可见的学"模型

具体来说,"可视化学习"在教学中主要有以下两层含义。

第一,学生的"学"对教师可视,即教师能够从学生的视角看待学习。这意味着教师要成为自己教学的学习者,在教学过程中,他们要将自己放置在学生的位置上观察学习任务的多少和难易程度,以便更清晰地了解学生的先前知识和现有水平,从而"对症下药",给予学生最有效的反馈和支持。通过"学"的可视化,教师能判断学生的学习是否正在发生,教学是否对学生的学习产生了影响、产生了什么影响以及下一步的教学该如何规划。为使"学"可视化,教师可以采用以下策略③:(1)鼓励学生通过非传统表面和垂直空间等方式进行学习,使知识的生成过程和思维的发展脉络可视化;(2)鼓励学生在课堂上走动起来,走到其他小组参与共享和互评,而教师在学生走动的过程中观察学生并收集有关

---

① 约翰·哈蒂. 可见的学习:对 800 多项关于学业成就的元分析的综合报告[M]. 彭正梅,邓莉,高原,等. 译. 北京:教育科学出版社,2015:31.
② 彭正梅. 寻求教学的"圣杯"——论哈蒂《可见的学习》及教育学的实证倾向[J]. 教育发展研究,2015(6):2-4.
③ 李小川. "可视化学习"在加拿大安大略省中小学课堂的应用[J]. 北京教育(普教版),2019(5):90-92.

学生学习的可视化信息;(3)利用思维导图、维恩图和图形组织者等可视化工具使思维过程可视化;(4)通过学生的自我评价和同伴互评,教师能够更全面地了解学生真实的学习情况。

第二,教师的"教"对学生可视,即学生能够从教师的视角看待自己。学生不再是被动的知识接收者,而成为自己的老师,根据目标和反馈去规划和监控自己的学习。他们需要掌握各种学习与元认知策略,如自我调节、自我控制或自我评价等[①],从而达到终身学习的条件。"教"的可视化能让学生在学习中知道需要做什么以及如何做,学生成为自己的老师,积极主动地总结、反省,认识到阻碍与不足,进一步提高自己。使"教"可视化的策略包括[②]:(1)教师和学生共同审读单元乃至课时目标并进行解析,只有当学生对目标的理解和定位清晰、准确时,才能确保学生清楚将要做什么;(2)教师要根据学情和目标制定出"成功标准",以便于学生对照自己的学习进程并知道接下来该如何做;(3)通过"要点图"等方式培养学生的自主学习能力;(4)教师与学生共同制定评价标准,据此进行自我评价或同伴互评;(5)使用范例来培养学生的自我评价能力。

可视化学习自然可以应用于教案撰写,本书认为,可视化学习教案是指为促进学生学习,体现"教与学均可视"的专业课时教学方案。可视化学习教案需要考虑几个常见的关键要素:(1)学生的先前学习水平与思维方式;(2)学生的自我动机、自我效能、自我目标等特征;(3)课时目标及其成功标准,通常来自于对学生方面、教材方面、课程标准方面的分析,它们对学生提出适当的挑战与期望,学生知道它们并愿意投入时间与精力;(4)学习内容、学习过程、学习方法、学习评价具有情境性,对学生可视;(5)教学资源与教学推进。教师需充分利用各种资源,明晰目标的实现过程,帮助学生了解自己学习的变化;(6)各种要素的协调一致。

三、教案如何具体体现可视化学习

可视化学习教案包括一般教案的要素,如学情分析、教学目标、教学进程等,因为这些要素对于"备课"这项工作是不可或缺的,能够帮助教师更好地把握课堂教学的大致轨迹。但与传统的教案相比,可视化学习教案的最大特点体现在其可视性,即在可视化学习教案指导下教学时,教师能够看到学生现在的水平、可能的发展水平、学习的过程、学习的结果,知道教什么、怎么教;学生也能看到学习的目标、学习的方法、学习的结果,知道学什么、怎么学。可视化学习教案既是为了让教师更好地指导学生去学,也是为了让学生自己学会更好地学习,简而言之,一切都是让学生学会。可视化学习基本内涵能为教案的编写提供一些思路,在具体的实施过程中的情况如下。

使"学"可视化的教案有以下具体表现。

(1)学生的先前水平对教师可视。正式编写教案前的准备工作要以学生的学情为基础,结合课程标准、教材等同时进行。教师既要将课程标准"化为己有",同时要做到与教材

---

① 彭正梅,伍绍杨,邓莉. 如何培养高阶能力——哈蒂"可见的学习"的视角[J]. 教育研究,2019(5):79.
② 李小川."可视化学习"在加拿大安大略省中小学课堂的应用[J]. 北京教育(普教版),2019(5):90-92.

合二为一，教师即教材，要对学习目标、学习内容了然于胸。

（2）学生的思维过程对教师可视。在教学准备方面，要重视计算机和多媒体等技术的运用，因为这些技术往往能够帮助展示学生在学习过程中知识的生成过程和思维的发展脉络，使其可视化。

（3）学生的学习过程对教师可视。教师在学生学习过程中观察学生并收集有关学生学习的可视化信息。

（4）学生的学习结果对教师可视。可视化学习教案中的评价部分是使学生学习可视化的重要组成部分，而在传统的教案中，这一部分通常是被简述或忽略的内容。强调学生的自我评价和同伴互评能够使教师更加全面地了解学生真实的学习情况，使评价不再是"一家之言"。

使"教"可视化的教案则有以下具体表现。

（1）使教学目标对学生可视。在教学过程中，学生要知道本次课堂教学要达到什么目标。教师可以选择直接向学生陈述目标，或是先提示本次课的教学内容，然后由学生提出目标，最后教师归纳教学目标。但教师和学生始终要共同审读教学目标并进行解析。改变抽象、空洞的目标撰写模式，转而用体验性、过程性等目标来表述知识与技能，过程与方法，情感、态度与价值观等领域，保证学生对目标的理解和定位清晰且准确。

（2）使教学内容对学生可视。教师在内化教材内容的基础上，将间接性知识转化为学生能够接受的直接性知识，如提供直观教具等立体化的知识载体或通过创设表现性任务下的情境，使学生在完成任务的过程中潜移默化地掌握学习内容。

（3）使教学（学习）方法对学生可视。具体而言，也就是教师通过线上或线下等各种方式向学生展示教学过程，通过设计使学生参与合作探究，充分运用各种感官进行感知。

（4）使教学评价对学生可视。一般来说，传统的教案不会过多涉及评价的内容，由此导致：一种情况是没有具体的评价体系，学生不清楚自己的得分从何而来、什么表现值得鼓励、何处需要改进。另一种情况是通过纸笔测试等方式来评价学生，忽略学生发展的全面性和动态性。相反地，可视化学习教案视评价与教学为一体，教师与学生共同制定评分规则，学生在完成表现性任务的过程中对照评分规则可不断获得评价和反馈，从而不断地改进行为表现，最终达到目标。

除了以上内容外，可视化学习教案要打破传统教案的模式，有待于教师创生更多的如复线型教案的可促进学生学习的新模式，具体如何撰写取决于课程的性质、教师的风格、学生的特点等因素。但统一的是，所有可视化学习的教案兼具预设性与生成性。在文本呈现上，由于教学工作的不确定性和创造性，相对学生这一动态因素来说，可视化学习的教案需要对学生的预设、学生的表现、教师的应对方法更多地留有余地，这也有利于教师在课堂之后的反思与总结。在灵活度上，可视化学习的教案可以是大纲式、表格式，也可以是导图式，其形式和字数对不同阶段的教学来说是灵活的。但是这种灵活不代表对目标、重、难点，评价等内容的忽视，教师仍然要关注这些影响学生学习的因素，让学生学会学习。另外，可视化学习教案既用来指导教师的教学，也用来引导学生的学习，因此具有很强的可操作性，需要教师对课程要素进行妥帖地安排、合理地规划，使教案不仅能作为监测的材料，还能作为可以实现的方案。

四、可视化学习教案的价值

基于可视化学习的可视化学习教案转变了传统上从管理层或教师的立场来看待教案的视角，将学生放在教案设计的中心，教案的编写是为学生服务的，教师和学生都可以借此受益。

对教师来说，可视化学习的教案能够帮助教师提高专业水平和职业素养，因为有效备课需要强大的专业能力，需要教师更充分地"备"学生、"备"教材、"备"课标，这是对教师的巨大挑战，同时也是锻炼其实践能力的机会。教师在教学过程中可以了解学生的先前知识和现有水平，还能够根据学生学习的反馈信息对自己的教学进行调整，并向学生提供具有针对性的帮助。教师扮演的不再仅是手拿教案、讲授知识点的角色，而是课堂的观察者、问题的提示者、教学的引导者。他们不断评估和反思自己的教学，并在评估和反思的过程中逐渐提高自己的专业能力。

对学生来说，可视化学习教案也有其特殊的意义，意味着从原本以教师为主导的传统教案向以学生立场为主导的教案的转变。一方面，教师的重心从关注教材、教法转向关注学生的差异性和全面性，使得每一个学生的多种能力都能得到发展，其中不仅包括倾听、表达等能力，还有比较、综合等高阶能力，这些能力在交流讨论、探究梳理、自评互评以及运用可视化学习工具的过程中获得提高。另一方面，学生通过自己处理教学目标和学习方法，也可培养自主学习的能力。通过目标设定、过程监控、师生互动、言语沟通等过程，学生可促进自我学习策略的发展和完善[①]，进而达到独立学习的条件，使终身学习成为可能。

第二节 教案问与答

1. 什么是教案？

答：教师依据课程标准、教材、学情等教学资源规划学生学习路径，从学习目标、评价任务、教学活动等方面进行一致性设计而形成的文本称为教案。首先，教师在对课程标准、教材、学情进行分析的基础上，设计出清晰具体、可观测的学习目标，然后围绕学习目标设计相应的评价任务，最后围绕评价任务设计有针对性的教学活动。由此形成的教学方案有两个特点：第一，目标是核心，是教学方案的灵魂，目标的高度决定着教学活动的质量；第二，评价设计先于教学活动的设计，评价嵌入教学活动之中，以确保目标的达成。这样的教学方案保证了学习、教学和评价的内在一致，从源头上保障了最基本的教学有效性。教案通常需要考虑前后教案之间的关系，使得所有教案构成一个有利于学生学习的链条，有利于避免碎片化学习的产生。

[①] 李振权，黄祎婷. 可见性学习：兴起、内涵与实践价值[J]. 现代教育科学，2018（8）：11.

2. 可视化学习教案有什么原则性要求？

答：首先，可视化学习教案要确保目标、评价、教学活动的一致性，教师和学生要明晰学习目标与成功标准是什么、学习路径如何发生、学习得怎么样。其次，可视化学习教案必须经过充分的准备，对学生提出适当的挑战，让学生专注于持续投入学习，促使学生拥有需要掌握的目标和对学习再投资的愿望，能依据自我或他人的反馈改进学习。最后，可视化学习教案是个动态的概念，可以进行实时调整。

3. 撰写可视化学习教案可利用哪些有关学生学习情况的信息？

答：学生先前的学习经验是影响学生学习的重要因素。针对备课的内容，教师在备课之前可调查学生对于新知识已经知道了什么和已经能做什么，了解班级整体思维方式和每位学生的思维方式，了解学生带入课堂的态度和倾向，确定学生所具有的一些典型的前概念，从而为学习目标的落实、学习难点的突破提供根据。

4. 撰写可视化学习教案时，教材分析可从哪几个方面进行？

答：教材分析包括：（1）本单元（课时）教材学习内容（学科知识与技能）的性质、特点、在课程（或单元）中的地位，它在学科中的前后左右关系，甚至是学科间的关联性；（2）本单元（课时）教材（学习材料）的结构、特征/特点或背景等；（3）本单元（课时）教材（学习结果）涉及的学科关键问题（这些基本问题可能会涉及知识、技能、过程、方法、能力、思想、意义、品格、价值观念等）；（4）这些教材内容可用于实现哪些与学科相关的知识、技能、过程、方法、能力、思想、意义、品格、价值观念等。

5. 撰写可视化学习教案时，解读课程标准需要注意哪些方面？

答：解读课程标准，首先，要明确课程理念和课程性质，只有明确了课程理念和课程性质，才能真正理解学科在学生成长中的不可替代的作用。其次，要明确学科知识，学科知识既包括学科事实、术语、符号、概念、命题、原理等"可视的内容"（即学科的表层结构），也包括学科方法、学科思想、学科观念、学科精神等"隐性的内容"（即学科的深层结构），它们是学科知识的重要组成部分，是学科核心素养最重要的源泉和基础。最后，还要了解内容标准的主要语法结构和构成要素，掌握内容标准分解的基本方法。

6. 教师是否有必要集体进行可视化学习教案的研讨？

答：鉴于可视化学习教案对教师来说是新生事物，教师集体备课非常有必要。集体备课不仅有利于教师明确教学进度、教学内容、教学方法等，让教师在备课过程中获得专业发展，还有助于创设一定的教研文化，有助于形成学习共同体。

7. 能否举一些可视化学习工具的例子？

答：可视化学习工具有很多，包括常规工具和现代科技工具。疫情期间，现代科技工具取得了很好的效果，如班级小管家、钉钉等，它们能将学生的学习信息及时反馈给教师，教师可依据学生的学习表现研判学生的学习，从而调整学生的学习策略和自身的教学策略。学习目标和评价量规是常规的可视化学习工具，它们能向学生反映其所处的水平和努力的方向。

8. 能否举例说明可视化学习教案中教、学、评合一的表现形式？

答：在目标的统领下，教、学、评合一（融评于教）就是将评价任务与学习活动融为一体、合二为一，即学习活动就是评价任务的展开，评价任务既可以用来评价学习的结果，也可以用来评价学习的过程。这种情况下，课堂教学中只要保持学习与学习目标一致，评价任务也一定与学习目标保持一致。表 4.1 提供了一个具体案例。

表 4.1 教、学、评合一的案例

学习目标	评价任务	教学活动（预设）
朗读三段"鸟语"，读出语言的节奏美，发现押韵的特点，读出、模仿出趣味来	默读课文，把写"鸟语"的句子画出来，想一想"我"从中听懂了什么；朗读"鸟语"，体会并模仿押韵句	一、自读、圈画、思考 （1）课文主要写了哪些鸟的"鸟语"？ （2）它们都"说"了些什么？默读课文，把写"鸟语"（鸟儿的话）的句子画出来，想一想，"我"从中听懂了什么？ 二、交流：重点句段 （1）公冶长、公冶长，南山顶上有只大肥羊。快快去背来，你吃肉，我吃肠。 （2）"你做什么？""种田织布。" "你喜欢什么？""勤劳刻苦。" （3）"喳喳喳喳，喳喳喳喳"，那不分明在说"喜事到家，喜事到家"吗？ 三、学生模仿创作押韵句

9．作为目标的可视化体现，学习目标及其成功标准有什么内在要求？

答：（1）提出适当的挑战，让学生专注于持续投入学习。挑战首先要与学生的已知关联起来，只有充分了解学生的已知，才可能设计出有挑战性的任务。（2）充分利用并建立学生对达成学习目的的信心。学生相信自己能够达成学习目标的信心可能来自教师，可能来自任务本身，也可能来自同伴，信心越高，投入得越多，表现得越好。（3）基于对学生学习成果的适当期望。期望是影响学生成功的最重要的因素。（4）促使学生拥有需要掌握的目标和对学习再投资的愿望。（5）学习目标和成功标准被学生清晰地知晓。

10．为了让目标对学生可视化，学习目标及其成功标准一定要在上课前给出吗？

答：不一定，因为目标是预期的学习结果，是学生经过一段时间的学习所达成的质量标准，大多数情况下，将目标和成功标准在课前告知学生，可以让学生有明确的努力方向，有利于目标的达成。但是，有些目标暗含着学生探究的结果，如果提前告知学生，学生就失去了探究的动力。例如，"探究猪大腿关节的结构，解释关节的结构与功能相适应"这一学习目标就不能提前告知学生，因为"关节的结构与功能相适应"是学生探究的结果，学生应通过实验探究、分析关节的结构和功能之间的关系，最后经过讨论交流得出这一结论，如果提前告知学生结论，学生就失去了探究的动力，也就无法评价学生的目标达成情况。

11．举例说明如何在课前与课后让学生明确学习目标？

答：课前，教师和学生共同明确了学习目标和评价标准之后，可以让学生思考几个问题：今天的目标是什么？对于今天的目标，"我"已经知道了多少？"我"认为今天的目标会很难（很容易）吗？"我"要为今天的目标付出多少努力？让学生思考这些问题就是让学生明确努力的方向，思考哪些是自己已经知道的，自己距离目标还有多远的距离，从而为达成目标而拼搏。

课后，可以让学生用几分钟进行反思性学习，思考几个问题：今天的目标是什么？"我"达成今天的目标了吗？"我"付出了多少努力？这些问题既有利于总结巩固所学知识，反思目标的达成情况，也有利于交流学习方法和学习策略，为后续的学习奠定基础。

12. 在可视化学习教案设计中，教师应成为怎样的角色？

答：一是学生学习的激发者，即教师的作用在于引起、维持和促进学生的学习，鼓励学生，增强学生的自信心，认可学生的进步和成就。二是学习评价者，即"诊断"学生的学习情况并提供反馈，进而明晰自身教学存在的问题及其原因，从而调整方向与内容。三是学生学习的社会榜样，即教师要言传身教地让学生明白如何发现自己的学习问题并采取改进行动。

13. 怎么让学生通过评分规则看见自己的学习变化？

答：评分规则是依据学习目标设计的学习要求，由"关键指标"和"等级描述"组成，目的是引导学生在学习任务中创造出符合某种特定标准的作品。评分规则中的"关键指标"能指导学生明晰学生关键要素，评分规则的等级划分能帮助学生明白不同的学习水平，促进他们了解自身学习水平、认识自身的不足，并且指明他们需要做出怎样的努力才能达到要求。

14. 学生自评在某种程度是学生可视化自身学习，它需要什么样的条件？

答：从学生的角度看，需要以下条件：学生事先知道学习目标和评价标准；学生有一定的自评技能，能从教师、同伴、家长或评价标准中获得反馈；学生明确自己的学习水平和学习目标的差距后采取改进行动；学生愿意坚持进行自我评价，哪怕遇到困难。学生自评过程需要教师提供评价标准，提供指导与反馈。

15. 学生互评可视为学生之间相互看见对方的学习，它需要什么样的条件？

答：从学生角度看，需要以下条件：（1）建立相互信任的评价共同体，每名学生都要对自己与他人的评价负责；（2）具有具体清晰的评价标准；（3）学生具有一定的评价能力；（4）达成合作协议；（5）分析同伴表现并提供具体的改进建议。学生互评过程需要教师提供评价标准、指导与反馈。

16. 举例说明教师如何在教学结束前指导学生进行反思以便审视自己的学习？

答：反思是教学活动的重要组成部分，在教学结束之前，教师可用几分钟让学生对一节课的学习进行总结，通常采用思维导图、概念图等形式呈现。教师应该引导学生进行反思，如针对学习方法的结构化反思："我"学了什么？"我"是如何学习的？用的是什么方法？"我"还有更好的学习办法吗？这次学习对"我"的启发是什么？又如，针对做错题的反思："我"犯的是哪类错误？"我"为什么犯这类错误？"我"能采取什么措施？如果"我"不懂错在哪里，怎么寻找帮助？

17. 举例说明教师如何获得/"看见"班级总体学习情况？

答：（1）让更多的人参与到评价中，包括教师评价、学生自评、学生互评、家长评价等，参与评价的人越多，收集的信息就越多；（2）以小组为单位进行全程评价，每个小组安排一名学生收集组员的信息,并对每次评价做好记录;(3)教师(班长)对所有小组的信息进行汇总,可以对班级总体学习情况进行统计与分析,为下一步的教学策略和学习改进提供依据,具体案例如表4.2所示。

表4.2 获得班级总体学习情况的案例

小组名单	评价任务					
	1. 分享预学单	2. 辨别封闭图形	3. 指说图形的周长	4. 找身边物体的周长	5. 测量活动	6. 自主练习
一组						
二组						
统计与分析						
教学决策或改进						

18. 可视化学习教案的实施一般包含哪些环节?

答:一般可简约为三个环节:提出学习要求、展开学习过程和促进学生反思。

在提出学习要求环节:(1)设定学习目标和成功标准。教师要想办法与学生分享学习目标和成功标准。例如,可将学习目标写在黑板上,在课前、课中和课后反复提醒学生。(2)联结之前的知识。学生通常默认地将某一任务和之前做过的任务联系起来,教师应指出知识与任务的区别,并说明前后知识的联系。

在展开学习过程环节:(1)给予即时的形成性反馈。形成性反馈能极大地影响学生学业成就,在课堂上,教师的反馈常常是给全班学生的。真正有效的反馈应该是即时并有针对性地指出学生所处的学习位置,并能够鼓励他们继续前进。同伴反馈也很重要,如果学生缺乏足够的知识与经验,教师需要给予指导。(2)问题驱动学习。教师可通过诸如"你对于这个内容已经知道什么?""你需要用到哪些信息?""你如何判断是否正确地完成了任务?"等问题引导学生思考,使他们看见并监控自己的学习过程。

在促进学生反思环节:(1)平时作业或测验的反馈。作业或测验的目的是让教师更好地了解学生的学习情况,进而反思自身教学,进而调整教学计划,同时也让学生看到自己的学习问题所在,及时调整学习方向。(2)自我评估。教师要求学生评估自己的学习,如要求学生运用评价标准来判断自己现在的学习水平,并说出判断的理由以及后续改进的要点与计划。(3)拓展提升。课程结束后,教师可以要求学生们讨论一些问题,如"课中哪个部分的内容让你想更深入地了解?""你还想了解什么?"等。

19. 举例说明教师如何指导学生"看见"自己课前与课后对教学目标的理解的变化?

答:可采纳一种非常有效实用的策略,即"3-2-1桥"(The 3-2-1 bridge)。这是一种使学生和教师都能看到学生学习思维过程变化的方法,具体应用时需要学生在学习之前写下有关学习主题的3个想法、2个问题以及1个联想,然后在学习的过程中反复写下3个新的想法、2个新的问题以及1个新的联想,以此来建立学生的好奇心,强化学生在接下来的课堂中的参与度。最后通过完成句子"我曾经想……但现在想……"搭建起桥梁，让学生对比学习前、后对学习目标的理解和认识。例如，在话题"来自西班牙的孩子/不会说英语的孩子"的单元教学中应用该策略，首先让学生写下有关该主题的"3-2-1"，这是学生在正式学习之前原始的所感所想，与学生的先前经验紧密相连；在阅读完来自西班牙笔友的信之后再次写下新的"3-2-1"，学生的学习态度更加积极，因为他们想要"回信"；在给笔友写完信之后，再次写下新的"3-2-1"，学生彼此互动和分享不同的看法（见表 4.3），最后通过"桥"将学生最初的所感所想与重新获得的所感所想进行对比，使学生的思维过程可视化，同时加深对学习内容、学习目标的感知和理解。

表 4.3 3-2-1 桥

主题：来自西班牙的孩子/不会说英语的孩子		
3 个想法	2 个问题	1 个联想
1. _____ 2. _____ 3. _____	1. _____ 2. _____	1. _____
现在，阅读来自西班牙笔友的信		
3 个新的想法	2 个新的问题	1 个新的联想
1. _____ 2. _____ 3. _____	1. _____ 2. _____	1. _____
现在，给你的笔友写信		
3 个新的想法	2 个新的问题	1 个新的联想
1. _____ 2. _____ 3. _____	1. _____ 2. _____	1. _____

桥：

我曾经想_____，但我现在想_____。

20. 可视化学习教案对教师素养提出哪些要求？

答：（1）教师能够评价自己的教学表现，并对自己的教学负责；（2）教师相信自己是"变革的推动者"，能够改变学生的学习和期望；（3）教师应该关注学生是否学会了，而不是自己是否教了；（4）教师通过对学生的评估改进自己的教学；（5）教师要不断地挑战学生，相信学生的潜力；（6）教师应多参与学生对话，让对话成为课堂的主体，而不是教师滔滔不绝。(7)与学生建立信任和融洽的关系，这样学生才会主动寻求教师的帮助；（8）教师多与家长沟通，提高学生家庭的参与度。

第三节　教案《机械摆钟》的呈现

为便于读者更好地理解可视化学习教案，特例举温州市墨池小学陈少峰老师撰写的教案《机械摆钟》。虽然该案例还存在不少问题，如不能体现可视化学习教案多样化的表现形式，仅用学习目标与评价标准来体现教案的可视化，但是在一定程度上，该教案能帮助读者理解可视化学习教案。

一、课标、教材与学情分析

（1）课程标准的相关要求：结合具体情境，认识技术的核心是发明，是人类对自然的利用和改造；知道一些著名工程师、发明家的研究事迹，了解他们的设计和发明过程；使用和制作简易的古代测量仪器模型，知道使用工具可以更加精确、便利和快捷。

（2）教材与学情分析：随着社会的发展，人类对时间精确度的要求也提高了。学生探究过的日晷、水钟、沙漏等一些简易的计时工具已不适应社会发展的需要，摆钟的发明大大地提高了时钟的精确度。在本课的学习中，学生将观察摆钟的摆，发现摆钟的摆每分钟摆动的次数是相同的。

本节课（1课时）所研究的摆是"单摆"。所谓单摆，是指在细线的下面拴一个小球，且细线的质量与小球相比可以忽略不计，球的直径与线长相比也可以忽略不计。单摆的摆动具有等时性，即在摆长一定、摆角较小的情况下，摆来回摆动一次所需要的时间总是一样的。学生会对摆的等时性的研究非常感兴趣，在本课的学习与研究中，教师要着重解决学生在操作方面的一些问题，让学生的测量结果尽量精确一些，这将有利于他们更加深入地开展研究。

二、教学目标

（1）了解同一个单摆每摆动一次所需的时间是相同的，进而认识到单摆的等时性是人们制成摆钟的依据，使时间的计量误差更小。

（2）能动手制作一个单摆，重复观察和测量摆钟每分钟的摆动次数，观察和测量在相同时间内摆摆动的次数。

（3）理解重复实验的意义，发展对计时工具的研究兴趣。

三、教学重、难点

重点：通过实验验证单摆的等时性。
难点：观察和测量相同时间内单摆摆动的次数。

四、教学准备

教学准备内容为铁架台、摆绳、摆锤、秒表、相关课件。

五、评价设计（包括表现性任务及其评分规则）

为了了解教学目标落实情况，并及时让学生看到自己的学习情况，本课时制定开发了表 4.4 所示的核心评价任务，实际上它也是本节课的核心学习活动。在实施过程中，采取了教师评价、学生自评与互评的形式。

表 4.4 《机械摆钟》教案中的评价设计

任 务	等 级		
	1～2 分	3～4 分	5 分
请小组合作组装一个单摆，观察并测量摆动次数。通过实验验证摆的等时性并交流实验过程及发现	能正确组装、使用单摆，观察、测量摆动次数，但不能积极参与实验，验证摆的等时性，也不能正确流利地描述实验过程及发现	能正确地组装使用单摆，观察、测量摆动次数；积极参与实验，验证摆的等时性，但不能正确流利地描述实验过程及发现	能正确地组装使用单摆，观察测量摆动次数；积极参与实验，验证摆的等时性，并正确流利地描述实验过程及发现
自 评			
互 评		平 均 分	总 分
师 评			
备注：12～15 分为 A，9～11 分为 B，6～8 分为 C，6 分以下为 D			

六、教学过程

根据上述探讨，本课时采取了表 4.5 所示的四个环节的教学活动。它们实际上是围绕上述核心评价任务/学习活动展开的，不仅实现了目标—学习—评价的一致性，而且使得学习过程"可见"。

表 4.5 《机械摆钟》教案中的教学过程设计

教学环节	教师活动	学生学习与评价活动
环节一：聚焦问题，发现摆的等时性	（1）谈话：之前我们已经学过了太阳钟、水钟、沙漏等计时工具，可是它们只能测量大概的时间，人们总是希望能有更精确的计时工具。今天，老师给你们带来了一样精确的计时工具——机械摆钟。 （2）展示摆钟视频，明确钟摆来回摆动算 1 次。组织学生观察钟摆 1 分钟的摆动次数。反复观察两次，讲解重复测量的重要性——有助于数据的准确性。 （3）组织学生观察交流：钟摆每分钟的摆动次数一样吗？ （4）科学史介绍：1656 年，荷兰科学家惠更斯造出了第一座带摆的时钟。 （5）介绍伽利略的故事，组织学生阅读交流。 （6）明确概念：摆的等时性——同一个摆每摆动一次所需的时间是相同的	（1）观察摆钟的钟摆在 1 分钟内的摆动次数；多次观察，知道多次测量的重要性。 （2）通过观察发现钟摆每分钟都是摆 60 次，交流摆在相同时间摆动的次数是一样的。 （3）阅读交流伽利略发现摆的等时性的故事（伽利略发现吊灯很平稳地、有规律地摆动，他用脉搏测量吊灯的摆动时间，后来又用绳子、石头来做成摆研究，最终发现只要摆绳的长度一定，摆动一次的时间就一定）

续表

教学环节	教师活动	学生学习与评价活动
环节二：实验探索——验证摆的等时性	（1）提问：伽利略在四百多年前发现了摆的等时性，今天我们来验证下他当初的想法是否正确。 （2）展示材料：支架、摆绳、摆锤；指导学生组装一个摆。 （3）提问：怎样测量摆一次的时间？ （4）组织学生讨论交流测量摆的注意事项。 （5）学生用自己的办法测量摆一次的时间。 （6）交流测量中出现了什么问题？ 改进方法：测量摆一分钟内摆的次数；重复测量（验证摆的等时性）；完成实验记录。 （7）提问：我们发现同一个摆在一分钟内的摆动次数是一样的，那摆在连续时间内的摆动次数是否也一致？ （8）组织实验探究：让摆自由摆动，用秒表计时，每隔10秒记录一次摆动的次数（完成实验记录）	（1）依据老师的指示组装摆。 （2）交流讨论摆的注意事项：摆的角度、计时方法、如何固定、如何放摆绳、摆锤角度、如何计时。 （3）学生相互评价补充。 （4）小组讨论、测量1次摆的时间，交流问题（摆一次时间太短，不好计时、不准确）。 （5）商讨改进方法：测量1分钟内摆的次数是否相等。 （6）小组实验探究，交流（发现同一个摆在一分钟内的摆动次数是一样的）。 （7）实验探究、交流：测量每隔十秒摆的次数（验证摆的等时性）
环节三：研讨评价	请你们回顾整个过程，描述一下验证摆的等时性的过程及发现，参照评价单相互评价自己的表现。 小结：这节课我们通过实验来验证了伽利略的发现，发现同一个摆在相同的时间内，摆的次数是一致的，从而证明摆每一次的时间都是一样的，这就是摆的等时性	学生组内交流实验过程，完成评价
环节四：拓展练习	布置作业： （1）出示课堂作业本。 （2）通过提问方式要求学生思考摆的快慢可能与什么因素有关	学生自主完成作业，并能独立、正确地完成练习并能做出假设

第四节　教案《图形的密铺》及其目标与评价设计历程

教案《图形的密铺》由数学工作室集体备课而成，具体由山东威海经济技术开发区教育教学研究中心教研员魏秀华老师执笔。它隶属于单元《巧手小工匠——认识多边形》，相关的课程内容位于第二学段的综合与实践，对应的课程标准要求为：①在给定目标下，感受针对具体问题提出设计思路、制定简单的方案解决问题的过程；②通过应用和反思，进一步理解所用的知识和方法，了解所学知识之间的联系，获得数学活动经验。

一、学习目标

目标一：通过实践活动和交流互动描述密铺的特点，认识一些可以密铺的平面图形。

目标二：通过小组合作，经历观察、操作、对比、思考、辩论等过程，判断所给平面图形能否密铺，会用数学知识分析、解释，尝试归纳形成密铺的条件。

目标三：结合设计背景墙的具体情境，运用复杂图形进行密铺设计；通过欣赏美丽的密铺作品和设计密铺作品，使对数学美的感受从感性走向理性，发展空间观念，提高应用意识。

二、评价设计

《图形的密铺》教案中的评价设计如表4.6所示。

表4.6 《图形的密铺》教案中的评价设计

目 标	评价方法	评 价 任 务	评价主体及实施	评 价 标 准	评价工具
目标一：通过实践活动和交流互动描述密铺的特点，认识一些可以密铺的平面图形。 目标二：通过小组合作，经历观察、操作、对比、思考、辩论等过程，判断所给平面图形能否密铺，会用数学知识分析、解释，尝试归纳形成密铺的条件	表现性评价	小组合作探究图形密铺设计的奥秘及形成的条件： （1）实验操作，对比、分析：为什么图形可以或不可以密铺？ （2）交流分享实验成果，用数学语言解释密铺的条件	实验操作，分组监控评价；评价主体：生生评价，师生评价；全班交流，展现表现，言之有理	（1）准确地描述密铺的2～3个特点。 （2）判断图形能否密铺，并能用数学原理严谨地、有道理地解释说明。 （3）归纳出密铺形成的条件	评价量规
目标三：结合设计背景墙的具体情境，运用复杂图形进行密铺设计；通过欣赏美丽的密铺作品和设计密铺作品，使对数学美的感受从感性走向理性，发展空间观念，提高应用意识	表现性评价	为新建的悦海小学设计一面美丽的背景墙，请综合运用本单元所学知识，运用复杂图形进行密铺设计。 （1）学生参与角色：设计师。 （2）行为要求：运用多边形画、剪、粘贴设计都可以。 （3）最终呈现成果：设计作品	作品成果评价 评价主体：同上	（1）能够用复杂图形进行再创造。 （2）能用数学原理进行严谨地有道理地解释说明	评价量规

三、教学活动设计

《图形的密铺》教案中的教学活动设计如表4.7所示。

表4.7 《图形的密铺》教案中的教学活动设计

学 习 环 节	学 生 活 动	教 师 指 导
课前学习区	课前完成"课前学习区"任务：	1. 研制及下发课前学习任务单

续表

学习环节	学生活动	教师指导
课前学习区	课前任务1：查阅与密铺相关的资料，了解什么是密铺现象。 课前任务2："小小设计师"。新建的悦海小学正在进行校园文化建设，教学楼大厅需要一面美丽的背景墙，请综合运用本单元所学几何图形知识帮悦海小学设计一面美丽的背景墙。 具体要求： （1）剪出一种或者两种完全相同的图形作为基本图形，用基本图形进行密铺（铺、剪、拼、画等多种形式都可以）。 （2）在 A4 纸上完成设计作品，尝试用数学语言描述创作过程。思考哪些图形可以密铺，哪些图形不可以密铺（用设计作品例证）	2. 发放评价量规
环节一	1. 分享交流"课前学习区"。 （1）展示、交流、评价设计作品。 （2）结合生活实例或设计作品，举例说明什么是密铺。 （3）与同伴交流，对比设计作品并总结思考：哪些平面图形能密铺？哪些图形不能？ 2. 根据小组交流以及同学的评价补充形成自己的判断，并将设计的作品分类	（1）课前查看学生的课前任务单，了解学生对密铺的了解程度及密铺作品的完成情况。 （2）分享交流活动中，教师巡视各组，了解各组对问题的解决程度（用什么图形进行密铺，设计作品是否是密铺的代表作品）。 （3）组织引导全班交流，同时捕捉并提炼学生交流中的有价值的信息，将有代表性的作品贴在黑板上
环节二	1. 动手操作。 （1）结合前期设计作品或运用所提供的工具，再次动手操作出一个密铺（不能密铺）的作品。 （2）根据再次创作作品的过程和体验，思考图形密铺与边、角可能会有什么关系。 （3）通过对比分析，尝试用数学原理对现象做出解释。 （4）举例验证自己的猜想。 2. 组内交流，根据评价量规做出评价，提出自己的观点与想法。 3. 班级内交流核心问题，并进一步质疑补充	（1）引导提出问题：根据以上作品的交流分享，所研究的图形为什么能密铺？为什么不能密铺？ （2）出示操作要求。 （3）教师巡视，对探究有困难的学生进行适当指导，对各组的实验过程与成果做到实时跟踪与了解。 （4）组织学生进行组内交流，教师参与小组交流，了解学生从什么角度进行数学分析与交流，解析学生思维发生、发展的过程。 （5）关注学生发言中能否做到有序分析、推理，引导学生交流、质疑，并适时做出评价。 （6）适时引导学生总结提升：图形密铺需要什么样的条件
环节三	1. 欣赏艺术家埃舍尔的艺术作品及有关课件，观看较为复杂的图形密铺作品。 2. "小小设计师"再创造：利用本节课学到的知识对背景墙进行重新设计 （1）运用本节课所学知识完善或者用复杂图形重新设计背景墙。 （2）完成作品后与同伴交流分享，并用数学语言严谨地解释创作过程及原理。 （3）依据评价量规为同伴做出评价。 3. 跟同桌交流一下这节课的收获	1. 播放课件。 （1）艺术家埃舍尔利用密铺创造的艺术作品。 （2）动态呈现较为复杂的图形密铺作品。 2. 提出活动要求。 3. 引导学生交流评价。 4. 引导全体学生进行课堂小结，谈一谈收获

四、附件1:《图形的密铺》目标研制过程

前期的单元整体设计从核心素养、课程标准等方面对本专题进行了详尽分析，得到本专题的单元目标：能够自觉运用所学图形相关知识与方法解决图形密铺等现实问题，体验图形知识与日常生活的密切联系；在解决问题过程中，尝试解释思考过程，获得一些活动经验，初步养成乐于思考、言必有据的良好品质。

1. 分解单元目标（见图4.2）

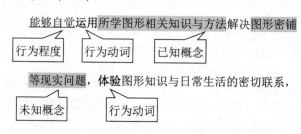

图4.2　单元目标分解

2. 教材分析

（1）分析青岛版教材明确概念。

已知概念：三角形、四边形内角和，三角形、四边形分类，梯形，圆形。

未知概念：密铺的特点、可以密铺的图形、密铺的条件。

（2）纵向梳理教材内容（见图4.3）。

第二学段目标	第三学段目标
（1）通过观察生活中常见的密铺现象，初步理解密铺的含义，知道什么是平面图形的密铺；通过拼摆各种图形，探索密铺的特点，认识一些可以密铺的平面图形 （2）在探究多边形密铺条件的过程中提升学生观察、猜测、验证、推理和交流的能力，进一步发展学生的合情推理能力，使学生能运用几种图形进行简单的密铺设计 （3）通过欣赏密铺图案和设计简单的密铺图案，使学生经历欣赏数学美、创造数学美的过程，从而激发学生学习数学的兴趣，享受由美带来的愉悦	（1）通过经历探索多边形密铺（镶嵌）和实践设计的过程，能准确地解释任意一个三角形、四边形或正六边形可以密铺的条件；能运用两种图形进行组合密铺设计，并用数学语言进行原理阐明 （2）通过观察、判断、操作，归纳并发现规律，能运用复杂的基本图形进行密铺设计、解决实际问题，发展学生的推理能力，渗透初步的数学"建模"思想和数学审美

图4.3　《图形的密铺》教案涉及的纵向教材内容

（3）横向梳理教材内容（见图4.4）。

阅读教材后，根据知识主题（细箭头）画出各自所包含的内容，然后再次梳理，画出与《图形的密铺》直接关联的教材内容（粗箭头）。

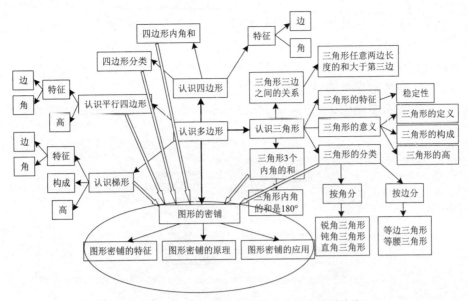

图 4.4 《图形的密铺》教案涉及的横向教材内容

（4）匹配行为动词与概念，初步确定专题目标（见表 4.8）。

表 4.8 《图形的密铺》教案涉及的认知动词与概念

行 为 条 件	行 为 动 词	所 属 层 次	对 应 概 念
结合生活情境	运用	应用	已知概念、密铺作品
通过实践活动和交流互动	体验	了解	密铺现象
通过观察、操作、比较、思考、辩论等活动	判断	理解	密铺的条件

目标一：通过实践活动和交流互动，能够说出密铺的特点，认识一些可以密铺的平面图形。

目标二：通过观察、操作、比较、对比、思考、辩论，判断所给平面图形能否密铺。

目标三：结合设计背景墙的具体情境，运用复杂图形进行密铺设计，美化生活。

（5）分析各版本教材，落实核心素养。

青岛版教材分析如图 4.5 所示。

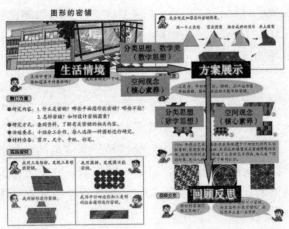

图 4.5 《图形的密铺》教案涉及的青岛版较次内容分析

青岛版的教材从生活情境入手来认识密铺,并通过方案设计和操作来深入认识密铺,这一过程渗透的数学思想是分类思想和数学美的思想,体现的是空间观念的核心素养;通过作品展示促进学生的反思,引起学生进一步探究密铺的乐趣,这一过程体现分类的数学思想,旨在进一步发展学生的空间观念。

北师大版教材分析如图 4.6 所示。

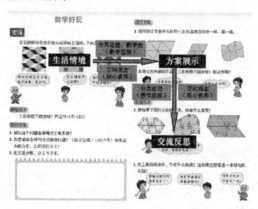

图 4.6 《图形的密铺》教案涉及的北师大版较次内容分析

北师大版的教材同样从生活情境入手来认识密铺,并对三角形和四边形能否进行密铺进行了深入探究与交流,这一过程渗透了分类和数学美的数学思想。在交流展示后,引导学生进行观察、对比,最终归纳出能进行平铺的图形的特征,这一过程渗透了分类、归纳推理的数学思想,旨在进一步提高学生的核心素养——空间观念和逻辑推理。

从以上分析中可以看出,两个版本的教材在数学思想的渗透和核心素养的体现上既存在相同点,也存在不同点:首先,从所渗透的数学思想方法上来看,两个版本都重视分类和数学美的数学思想,并得到了充分的体现,这是比较一致的;不同点在于北师大的版本对归纳推理的数学思想较为侧重,把它作为认识平铺特征的一个重要方法。其次,从所体现的核心素养上来看,两个版本都注重了空间观念,并贯穿于教材的始终;而北师大的版本通过活动任务"三角形能不能密铺?四边形可不可以?"对逻辑推理这一核心素养进行了体现。

所以,在本课程教学目标的制定中,不仅要渗透分类思想和数学美思想,还要渗透推理的数学思想,真正让学生在图形的操作、想象中进一步提高思维的含量,从而发展学生的空间观念和逻辑推理的核心素养,使两者相辅相成、相互促进。

3. 学情分析

已有认知基础和活动经验基础:"图形的密铺"是在学生认识和学习了长方形、正方形、三角形、四边形、平行四边形和梯形等多种图形之后安排的,既是对前面所学知识的巩固和综合应用,又是学生以后学习多边形面积和平面图形的镶嵌的基础。在前面的数学学习中,学生已经掌握了角的测量方法,对基本图形的研究学习有了一定的迁移能力。

学生学习本节课可能存在的问题:不能运用数学原理解释密铺现象。

4. 修订完善课时目标

通过对教材隐性元素(核心素养、思想方法)的挖掘,与北师大版教材的对比分析,以及对学生已有基础和存在问题的分析，我们发现本专题目标不能停留在判断这一层面，更要注重学生素养的提升、学生思维的训练，使学生能用数学语言解释密铺现象，因此，我们将目标调整为如下内容。

目标一：通过实践活动和交流互动，能够描述密铺的特点，认识一些可以密铺的平面图形，发展空间观念。

目标二：通过小组合作，经历观察、操作、比较、对比、思考、辩论等过程，判断所给平面图形能否密铺，尝试用数学知识分析、解释密铺条件，感受合情推理的数学思想方法在解决实际问题中的优越性。

目标三：结合设计背景墙的具体情境，运用复杂图形进行密铺设计，美化生活；通过欣赏美丽的密铺作品，使学生感受到生活中存在的数学知识，初步形成应用数学的意识和审美能力。

5. 学生为主体的目标表现量规（见表4.9）

表4.9 《图形的密铺》教学目标的表现量规

分　值	表　现
4.0	我能够： □结合设计背景墙的情境，运用复杂图形进行密铺设计，美化生活； □对数学美的感受从感性走向理性，发展空间观念
3.0	我能够： □通过观察、操作等过程，判断所给平面图形能否密铺； □以小组为单位讨论，尝试用数学知识分析、解释平面图形能否密铺； □通过比较、思考、辩论等过程，归纳图形能够密铺的条件
2.0	我能够： □说出图形的密铺的特点； □举例说明什么是密铺现象； □认识一些可以密铺的平面图形
1.0	通过帮助，较为成功地完成2分和3分对应的内容
0.0	即使通过老师的帮助也没有成功

五、附件2：评价任务设计过程

1. 根据目标层级，匹配评价方式（见表4.10）

表4.10 《图形的密铺》教学目标与评价方式的匹配

学习水平	学习目标	目标层级	评价方式与交流要点
基础学习 （2.0）	通过实践活动和交流互动，能够说出密铺的特点，认识一些可以密铺的平面图形，发展空间观念	知识类型：陈述性知识； 认知层级：理解	交流式评价：对设计作品进行交流分类，描述密铺的特点； 评价要点：学生通过完整、流利的语言描述，三分之二以上的同学能够结合作品成果说出密铺的特点；95%的同学可以将密铺与生活实例相结合，以此为标准检测目标是否达成

续表

学习水平	学习目标	目标层级	评价方式与交流要点
深度思维（3.0）	通过小组合作，经历观察、操作、比较、对比、思考、辩论等过程，判断所给平面图形能否密铺，尝试用数学知识分析、解释密铺条件，感受合情推理的数学思想方法在解决实际问题中的优越性	知识类型：程序性知识；认知层级：运用、分析	操作评价+表现性评价；走进数学实验室：探究哪些图形可以单独形成密铺，哪些图形不能形成密铺；评价要点：评价量规
高级复杂思维（4.0）	结合设计背景墙的具体情境，运用复杂图形进行密铺设计；通过欣赏美丽的密铺作品和设计密铺作品，使学生对数学美的感受从感性走向理性，提高学生应用数学的意识和审美能力	知识类型：程序性知识；认知层级：运用、评价（创造）	表现性评价：运用图形的特点及运动设计一幅图案，对设计的图案能够用数学语言描述并解释，图案具有一定的美感；可延至课后实践活动完成；评价要点：评价量规

2. 设计表现性任务

表现性任务的设计过程如图 4.7 和表 4.11 所示。

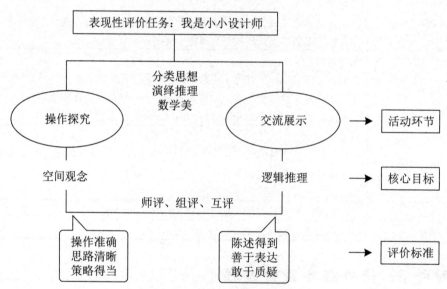

图 4.7 表现性任务的设计思想

表 4.11 教学目标的表现性评价设计

目标	评价方法	评价任务	评价主体及实施	评价标准	评价工具
目标一：通过实践活动和交流互动，描述密铺的特点，认识一些可以密铺的平面图形	表现性评价	小组合作探究图形密铺设计的奥秘及形成的条件：（1）实验操作，对比、分析：为什么图形（不）可以密铺？	实验操作，分组监控评价。评价主体：生生评价	（1）准确描述密铺的 2~3 个特点。（2）判断图形能否密铺，并能用数学原理进行严谨、有道理的解释说明	评价量规

续表

目 标	评价方法	评价任务	评价主体及实施	评价标准	评价工具
目标二：通过小组合作，经历观察、操作、对比、思考、辩论等过程，判断所给平面图形能否密铺，会用数学知识分析、解释，尝试归纳形成密铺的条件	表现性评价	（2）交流分享实验成果，用数学语言解释密铺的条件	师生评价全班交流，展现表现，言之有理	（3）归纳密铺形成的条件	评价量规
目标三：结合设计背景墙的具体情境，运用复杂图形进行密铺设计；通过欣赏美丽的密铺和设计密铺作品，使学生对数学美的感受从感性走向理性，发展空间观念，提高应用意识	表现性评价	为新建的悦海小学设计一面美丽的背景墙，请综合运用本单元所学的几何图形知识，运用复杂图形再次进行密铺设计。 （1）学生参与角色：设计师。 （2）服务对象：本校师生。 （3）行为要求：运用多边形画、剪、粘贴设计都可以。 （4）最终呈现成果：设计作品（建议可用复杂图形进行设计）	作品成果评价评价主体：同上	（1）能够用复杂图形进行再创造。 （2）能用数学原理进行严谨、有道理的解释说明	评价量规

3. 制定评价量规

目标一、目标二和目标三的评分规则如表 4.12 所示。

表 4.12 《图形的密铺》中三个教学目标及其评价标准、评价主体

维度/等级	★★★	★★	★	小组评价
目标一				
准确判断图形的密铺	能够准确、快速地判断所选图形是否能够密铺	能够准确地判断所选图形是否能够密铺，但是思考时间较长	在判断过程中出错	
准确描述密铺的特点	通过实践、交流，能够完整地说出密铺的特点	通过实践、交流，能说出密铺的特点，但不够清晰	不能发现密铺的特点	
目标二				
运用数学语言描述、解释	能清晰地用数学语言表述作图方法并进行原理解释	能较为清晰地用数学语言表述作图方法并尝试进行原理解释	语言描述不清且不能用数学原理进行解释	
目标三				
运用本单元所学图形的相关知识	有计划、有思考、有逻辑地运用基本图形边角特点进行密铺构图；通过多种方式运用基本图形达到 8 次以上	运用所学几何图形的边角特点进行密铺构图；运用基本图形达到 5～8 次	只是凭感觉进行作图，在密铺过程中存在错误	

续表

维度/等级	★★★	★★	★	小组评价
运用数学语言描述、解释	能清晰地用数学语言表述作图方法并进行原理解释	能较为清晰地用数学语言表述作图方法并尝试进行原理解释	语言描述不清且不能用数学原理进行解释	

第五节 教案中核心学习任务的创设

教案由学习活动构成时,尽管课堂气氛非常热闹,但学生并没有学会什么。这是因为学习活动背后指向目标,过多的学习活动只会导致学习目标的破碎化。在素养取向的教育背景下,教案中的学习活动宜精不宜多,需要对那些繁多的学习活动加以整合,形成大的学习任务。然而,当前教案中除了学习活动过多,还较少有意识地整合评价与学习,故未能很好地促进深度学习的发生。

一、核心学习任务的提出

承上文所述,解决当前教案学习活动问题的关键在于设计核心的学习活动,使目标、教学和评价不分家。换言之,单元学习活动需要导向目标,使得教中有评、以评促学。如图 4.8 所示,在一致性视角下,如果把教学和评价基于目标整合为有限的 1~2 个学习活动,这样的任务即核心学习任务(Significant Task),它内在地包含了目标、教学与评价,指明课时教案中最重要的学习活动。从单元层面来思考,这样的核心学习任务架构了整个单元。本节主要立足于课时层面。简要地说,核心学习任务以学生为认识主体,注重真实的整合性学习,它使得教学与评价紧扣目标、教学与评价一体化。在很大程度上,核心学习任务可视为体现目标、教学、评价一致性的基本单位。

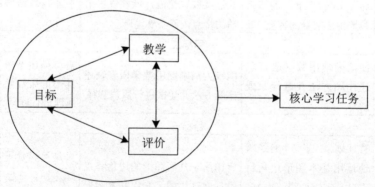

图 4.8 核心学习任务所体现的课程各要素

在目标、教学、评价一致视角下,核心学习任务具有以下两方面的特征。

一是架构了课时教学。首先，核心学习任务规定了教案中最重要的学习活动，使教师在有限的教学时间内不至于舍本逐末，可以最高效的完成课时目标。其次，核心学习任务为学生提供了展现其所知所能的机会和评价的载体。评价不再被单独排除在课堂教学之外，通过实作评价，学生真实的学习过程和评价达成一体，并得到及时的反馈和改善。

二是实现评价与教学的一体化。随着对学习的评价理念向促进学习的评价理念转换，评价被当作镶嵌于教学过程之中的一个成分，它和教、学一同构成三位一体的整体，评价不再限于学习结束之后进行，而在课堂层面持续实施。[①]在促进学习的评价理念的推动下，借助核心学习任务为载体开展评价活动，教学与评价自然得以一体化。核心学习任务把课程标准的要求作为学习结果，这个结果就是学生在完成任务过程中的表现，通过对这些表现的引导、反馈和补充，达到促进学习的目的。另外，核心学习任务能使得评价与教学之间的界线愈加透明化，因为除了作为教学的手段，核心学习任务还被视为评估学生解决复杂问题的手段，这恰恰体现了教学与评价的合一性。

二、核心学习任务的设计

设计核心学习任务时，首先需要考虑针对的目标是什么，然后考虑学习与评价的整合，接着尽量用情境性问题作为任务的背景。为便于更好地理解核心学习任务的设计，本部分特提供如表 4.13 所示案例，相关的教案详见附录中的《将相和》。如表 4.13，任务要求学生体会蔺相如的性格特点和人物形象，针对的是目标是通过合作学习走进人物和故事，学习课文写人物特点的方法，借助表现性评价的表格体会蔺相如的性格特点和人物形象（教案中的目标3）。

实际操作中，上述任务细分为两个小任务，相关内容如表 4.13 所示。

表 4.13　《合作学习任务单》：体会蔺相如的性格特点和人物形象

1. 请思考，此时蔺相如是真撞还是假撞？
要求：
（1）自学"完璧归赵"段落，一边默读一边画出依据。
（2）小组内交流，相互倾听，填写合作学习单。
（3）小组派代表进行反馈
反馈：
我们认为是＿＿＿＿＿，我们是从＿＿＿＿＿＿＿＿＿＿＿＿＿＿＿＿＿＿＿＿看出来的（我们的依据是＿＿＿＿＿＿＿＿＿＿＿＿＿＿＿＿＿＿＿＿）
师评：
我们是（　　）星合作学习小组
会独立思考学习得☆　会参与交流讨论得☆　会反馈表达得☆

---

① 崔允漷. 促进学习：学业评价的新范式[J]. 教育科学研究，2010（3）：11-15.

续表

2. 你觉得蔺相如是一个怎样的人？
评价标准：
能用几个词去概括人物的性格特点　☆
能从文中找到依据去说明人物的性格特点　☆☆
能用关联词把人物的性格特点表述清楚　☆☆☆
他评：
得到了（　　　）颗星

在这个例子中，要求学生做什么、最终学得怎么样都是明确的，学生都能从任务中得到指导。有时，为了更好地让学生开展自我评价或同伴互评，这些任务通常会提供评价标准。例如，在本章第三节中，单摆的实验任务就是核心学习任务，对它的评分规则能让整个学习过程和结果可视化。

最后，需要说明的是，本节提出的核心学习任务是为了更好地促进学习与评价的一体化，并非每节课都要如此设计，采取与否取决于实际需要和教师专业素养。

参 考 文 献

[1] 陈彩虹，赵琴，汪茂华，等．基于核心素养的单元教学设计——全国第十届有效教学理论与实践研讨会综述[J]．全球教育展望，2016，45（1）：121-128．

[2] 崔允漷．指向深度学习的学历案[J]．人民教育，2017，20：43-48．

[3] 戴晓娥．情境·任务·活动——指向语文素养的大单元教学探索[J]．基础教育课程，2019，10：7-11．

[4] 戴正兴．教案：共同面对的话题——近年来关于教案问题的讨论[J]．教学与管理，2005，19：26-29．

[5] 段戴平，李广洲，倪娟．课程一致性：方法比较、问题反思与本土化探寻[J]．中国教育学刊，2015，6：73-78．

[6] 冯志华．基于核心素养的单元整体课型设计[J]．语文建设，2019，17：46-49．

[7] 关士伟，臧淑梅．学案设计的理论研究[J]．教育探索，2005，8：28-30．

[8] 李锋，章敏，张斌．基于课程标准的学程纲要开发[J]．中国教育学刊，2014，2：63-66．

[9] 李锋．基于标准学期课程纲要研制过程与案例[J]．基础教育课程，2014，17：47-51．

[10] 李凌云．"教案学案一体化"的个案研究[D]．华东师范大学，2011．

[11] 李卫东．大观念和核心学习任务统领下的大单元设计[J]．语文建设，2019，21：11-15．

[12] 鲁献蓉．从传统教案走向现代教学设计——对新课程理念下的课堂教学设计的思考[J]．课程·教材·教法，2004，7：17-23．

[13] 莫春姣，何新凤．教案编写及其评估指标体系的研制[J]．教育与职业，2007，23：110-112．

[14] 潘涌．教案创新：解放教学创造力[J]．教育科学研究，2008，Z1：76-80．

[15] 索桂芳．试论校本课程开发中"课程纲要"的设计[J]．教育探索，2013，3：28-31．

[16] 王爱富．基于发展学生核心素养的单元教学设计实践探索[J]．化学教学，2017，9：55-59．

[17] 徐瑰瑰．论教—学—评一致性[D]．华东师范大学，2015．

[18] 於荣．美国大学通识教育课程一致性问题的历史发展及启示[J]．清华大学教育研究，2015，36（6）：32-37．

[19] 于甜．基于逆向设计理论的小学语文大单元教学设计优化研究[D]．华中师范大学，2020．

[20] 张宏丽. 基于大观念的小学英语单元学历案编制例谈[J]. 天津师范大学学报（基础教育版），2021，22（3）：65-72.

[21] 曾琳琪. 基于建构主义学习设计的教案设计[J]. 当代教育科学，2018，1：51-53.

[22] 张新明，陈美兰. 基于标准的"课程纲要"编写与呈现[J]. 当代教育科学，2015，8：23-26.

[23] 钟启泉. 学会"单元设计"[N]. 中国教育报，2015-06-12.

[24] 朱伟强，佟柠，李锋. 基于标准学期课程纲要研制的方法与策略[J]. 基础教育课程，2014，15：40-44.

[25] BLUMBERG P. Maximizing Learning Through Course Alignment and Experience with Different Types of Knowledge[J]. Innovative Higher Education, 2009, 34(2):93-103.

[26] BREEN M. Process syllabuses for the language classroom[C]. Oxford: British Council and Pergamon Press, 1984.

[27] BRUMFIT C J. General English Syllabus Design[M]. Oxford. New York: Pergamon Press, 1984.

[28] FLOWERDEW L. Integrating traditional and critical approaches to syllabus design: the 'what', the 'how' and the 'why?'[J]. Journal of English for Academic Purposes, 2005, 4(2):135-147.

[29] GAFF J, RATCLIFF J. Handbook of the Undergraduate Curriculum: A Comprehensive Guide to the Purposes, Structures, Practices, and Change[M]. Jossey-Bass Higher and Adult Education Series,1996.

[30] IQBAL MD H, SIDDIQIE S A, MAZID MD A. Rethinking theories of lesson plan for effective teaching and learning[J]. Social Sciences & Humanities Open, 2021, 4(1):100-172.

[31] JANJAI S. Improvement of the Ability of the Students in an Education Program to Design the Lesson Plans by Using an Instruction Model based on the Theories of Constructivism and Metacognition[J]. Procedia Engineering, 2012, 32: 1163-1168.

[32] JONES N N. Human centered syllabus design: Positioning our students as expert end-users[J]. Computers & Composition, 2018, 49(9):25-35.

[33] RAHIMPOUR M. Current trends on syllabus design in foreign language instruction[J]. Procedia - Social and Behavioral Sciences, 2010, 2(2):254-259.

[34] ROACH A, NIEBLING B, KURZ A. Evaluating the alignment among curriculum, instruction and assessments: Implications and applications for research and practice[J]. Psychology in the Schools, 2008, 45 (2):158-246.

[35] WIDDOWSON H G. Educational and pedagogic factors in syllabus design[C]. Oxford: British Council and Pergamon Press, 1984.

[36] WOODS A F, Luke A, Weir K. Curriculum and syllabus design[J]. International Encyclopedia of Education, 2010, 10:362-367.

[37] YALDEN J. The Communicative Syllabus: Evolution Design and Implementation[M]. Oxford: Pergamon Press, 1983.

附录　合作学校案例集锦

案例一　"小学数学（二上）"课程纲要

课程名称： 数学　　　　**教材来源：** 新人教版（2013年）《二年级上册数学》
课时： 61课时　　**授课教师：** 二年级备课组　　**授课对象：** 温州市上陡门小学二年级学生

小朋友，在经过一年的数学学习后，你们的基本知识技能有了一定的提高，对数学学习也有了一定的了解。新学期，我们会学习许多有趣的新知识，希望大家继续开动思维、积极发言，好好表现自己，要注意学习方法，提高对自己的要求，扎实地掌握每个基础知识哟。

一、目标

这个学期，你们将与数、角、乘法等打交道，需要理解并应用计算，还要能从不同位置观察物体形状，学会阅读钟表上的时间，开展猜测等活动。希望你们从中发现数学计算与推理的奥妙、数学与生活的关系。

（1）初步认识长度单位厘米和米，初步建立1米、1厘米的长度观念，知道1米等于100厘米；初步学会用刻度尺测量物体的长度（限整厘米）；初步形成估计物体长度的意识；初步认识线段，会测量整厘米线段的长度；初步学会画线段。

（2）掌握笔算100以内加、减法的计算方法，能够正确地进行计算；初步掌握100以内笔算加、减法的估算方法，体会估算方法的多样性。

（3）初步认识角和直角，知道角的各部分名称，会用三角板判断一个角是不是直角；初步学会画角和直角。

（4）知道乘法的含义和乘法算式中各部分的名称，熟记全部乘法口诀，熟练地口算两个一位数相乘。

（5）能从不同的位置辨认观察到的简单物体的形状。

（6）结合生活实际进一步认识钟面，建立1分钟的时间观念。知道1小时等于60分钟，并正确认、读、写钟面上的时间。

（7）通过观察、猜测、实验等活动，找出最简单事物的排列数和组合数；初步具有观察、分析及推理的能力；初步形成有顺序地、全面地思考问题的意识。

（8）体会学习数学的乐趣，提高学习数学的兴趣，建立学好数学的信心，养成认真做作业、书写整洁的良好习惯。

二、内容

单 元	单元专题	学习内容	课 时	课程内容调整说明
		第一节课　与同学们分享课程纲要		
第二单元	100以内的加法和减法（二）	两位数加两位数（不进位加）	1	
		两位数加两位数（进位加）	1	
		两位数加两位数练习课	1	
		两位数减两位数（不退位减）	1	
		两位数减两位数（退位减）	1	
		两位数减两位数练习课	1	
		"求比一个数多（少）几"问题	2	
		连加，连减	1	
		加减混合	2	
		"连续两问"问题	2	
		整理复习	1	
第一单元	长度单位	认识厘米	1	
		认识米	1	
		认识线段	1	
		解决问题	1	
		单元复习	1	
第四单元	表内乘法（一）	乘法的初步认识	1	
		同数连加和乘法的关系	2	
		5的乘法口诀	2	
		2、3、4的乘法口诀	2	
		乘加，乘减	2	
		6的乘法口诀	2	
		乘法解决问题	2	
		单元复习	1	
第三单元	角的认识	角的初步认识	1	
		直角、锐角、钝角，角的大小比较	1	
		"拼一拼"问题	1	
第六单元	表内乘法（二）	7的乘法口诀	2	
		8的乘法口诀	2	
		"几个几"问题	2	
		9的乘法口诀	2	
		乘法竖式，最大能填几	2	
		"够不够"问题	2	
		整理复习	2	
第五单元	观察物体	观察物体	1	
		观察单个立体图形	1	

续表

单元	单元专题	学习内容	课时	课程内容调整说明
第七单元	认识时间	认识几时几分	2	
		解决问题	1	
第八单元	数学广角	简单的排列	1	
		简单的组合	1	
第九单元	一	100以内的加法和减法	1	
	二	表内乘法	1	
	三	长度单位和角	1	
	四	观察物体和认识时间	1	

三、评价

学期总评成绩=过程性评价成绩（30%）+ 结果性评价成绩（70%）

（一）过程性评价成绩（30%）

成绩来源=课堂表现（10分）+作业表现（5分）+实践活动（10分）+口算（5分）。

评价内容	评价要素	等第描述
课堂表现（10分）	表达、操作习惯	根据上课听讲、参加数学活动、思考问题和主动发言、合作及操作的情况分为三个等级：5分、3分、1分
	练习习惯	根据完成得是否符合要求、书写、质量和纠错情况分为三个等级：5分、3分、1分
作业表现（5分）	作业态度、作业质量、纠错习惯、应用能力	根据完成作业是否及时，态度是否认真，作业的质量和纠错情况分为三个等级：5分、3分、1分
实践活动（10分）	作图能力	分为三个等级：5分、3分、1分
	待定	分为三个等级：5分、3分、1分
口算（5分）	速度和正确率	在规定的时间内根据算对的题数分为五个等级：5分、4分、3分、2分、1分

（二）结果性评价成绩（70%）

以期末测试成绩为准，注重考查学生的数感、符号意识、空间观念、运算能力、问题解决等能力的发展水平，得分按70%计入学期总评成绩。

（三）学期总评成绩结果呈现

总评成绩共分四个等级：优秀（≥95分）、良好（80～94分）、合格（60～79分）、不合格（<60分）。根据学生的最后得分，按结果呈现的四个等级进行等级评定。总评"不合格"等级的学生，按学校规定，可申请补考，补考后按补考分数进行等级评定。

四、实施

（一）课程资源

（1）新人教版二年级上册教科书及教参。

（2）相关教学 PPT。

（3）准备必要的教具和学具：方木块、直尺、三角板、小棒、圆片、活动角、乘法口诀表、口算练习表、剪刀、彩纸等。

（二）教/学方法

（1）采用多样化的学习手段，激发小朋友的学习兴趣，如歌曲、故事、游戏、猜谜语等活动；加强演示、观察与操作，让小朋友在生动具体的情境中学习数学，引导小朋友自己思考，并与同伴交流。对于一些比较抽象或难度较大的内容，小朋友可以借助现代信息技术进行学习，学习过程将培养小朋友学习的兴趣和良好习惯。

（2）小朋友将在具体的操作活动中进行独立思考以寻找问题的答案，以小组合作和同伴互助合作方式完成探究等活动；不但要重视大家学习数学的结果，更要注重过程；让小朋友完成一定的练习来巩固知识，并要及时改错。

（3）小朋友要好好学习如何发现问题、提出问题、分析并解决问题哟。

案例二 "玩转数学（一）"课程纲要

课程类型： 学科拓展类课程　　**年级：** 3年级；　　**总课时：** 15课时
设计者： 谢作桐、卓海鸟、吴慧敏、金光顺、叶聪聪、吴慧芳
学校： 浙江温州平阳县中心小学

一、背景分析

"综合与实践"的内容反映了数学课程与数学教学改革的要求，为学生提供了一种通过综合、实践过程去做数学、学数学、理解数学的机会。可是这部分教学内容往往被教师一笔带过，学生做数学、实践数学、体验实际场景中的数学的机会不够，那么孩子们就无法积累起真实有效的活动经验，也几乎感觉不到数学与生活的联系，以至于学生平时在数学课堂上学会的更多的是纸上谈兵的能力，学生善于解题，却缺乏运用数学知识解决实际生活中的问题的能力。基于这些问题，我们尝试开发了三年级数学综合实践拓展课，命名为"玩转数学"。

三年级的孩子具有一定的计算、阅读、思考等能力，家长也能运用现代先进的多媒体技术配合孩子进行课外趣味作业、家庭实践性作业，并能指导孩子记录。并且，家长在各行各业的工作现状能为孩子提供实践指导。我们初期就发起了"玩转数学微信群"，成功组建家校实践导师团，以更好地进行家校互助沟通，方便家长辅助孩子学习，方便亲子互动等课外趣味作业、实践性家庭作业的有效开展等。另外，有些课例是多门功课的整合课型，教学不仅要准备多媒体课件，而且要为孩子提供各类学具，对学生收集的材料进行整理并用数学图表的形式进行记录、分析，有时候还需要多门功课的教师整合执教。

二、课程目标

基于上述背景，我们设想开发了一门名为"玩转数学"的课程，总体思想是设计基于核心素养理念下的小学数学三年级拓展课程，它是对人教版教材的提升，具有实践性，可以凸显学科素养，以课外趣味作业、实践性家庭作业和实验课的形式表现，以区别于当下流行的数学实验、数学绘本。为此，我们还从课程标准本身入手寻找依据。课程标准（2011年版）第26页中的"四、综合与实践"有着如下规定：（3）在给定目标下，感受针对具体问题提出设计思路、制订简单的方案解决问题的过程；（4）通过应用与反思，进一步理解所用的知识与方法，了解所学知识之间的联系，获得数学活动经验。这恰恰与我们所想的课程理念与目标是相符合的。通过进一步探讨，我们确定出如下课程目标。

（1）做数学，实践数学，体验实际场景中的数学。

（2）理解并体验1分钟、1秒钟的意义；理解24点游戏的规则，掌握24点游戏的运算技巧；体验1000米有多长；体会由于图形的分割所产生的周长变化。

（3）在"珍惜时间""24点游戏""1000米有多远""玩转周长"活动中，学生能结合所给目标，感受提出问题—提出思路—制定简单方案—解决问题的过程。

（4）在上述活动中，学生进行应用知识和反思行动，加深理解并联系所学的知识和方法，获得参加数学活动的切身经验。

（5）加深对数学运算、数据分析、直观想象等数学核心素养的理解。

三、课程评价

评价原则：本课程对学生的评价要贯彻以激励性为主的原则，激发学生学习的兴趣和热情；要重视对学生学习过程的评价，要特别关注学生在学习过程中的兴趣、态度和情绪，使学生获得学习的愉悦体验；重视教师对学生的评价，指导学生开展自我评价、相互评价，甚至可以请学生家长参与评价，使评价成为教师、学生、同学、家长等多个主体共同参与的交互活动。

评价内容通常应涉及以下几方面：一是参与活动的课时量与态度；二是在活动中所获得的体验情况；三是知识、方法、技能掌握情况；四是创新精神和实践能力的发展情况；五是活动的收获与成果。

评价方法：课程的评价主要注重对学生学习水平的评价，包括教师评价和学生自评、互评两大部分。每学期期末评价一次，学生每人一份评价表，评价完后交由教务处保存，学生校本课程评价采取等级制。

评价量表如下所示。

校本课程评价表

学年　　　学期　　　年级　　　学生姓名：

评价内容	评价等级											
	自评				互评				教师评			
	A	B	C	D	A	B	C	D	A	B	C	D
参与活动的课时量与态度												
学习中的感悟和情感体验												
综合实践的积累情况												
课堂表现												
创新精神和实践能力发展情况												
学习收获或成果												
教师综合评价等级												

（说明：1. 分别在自评、互评、师评相应等级栏内打"√"；2. 由教师填写总评等级，分A、B、C、D）

四、课程实施

单元主题	目标	组织与实施
珍惜时间——1分钟能干什么？ （4课时）	1．体验1分钟、1秒钟的意义，通过具体的活动体验1分钟到底有多长，使抽象概念变得具体化 2．在实际操作及有趣的课堂活动中体验学习数学的快乐，激发学习兴趣和学习热情 3．通过拨一拨、听一听、读一读、唱一唱等活动，提高估计时间的能力，珍惜时间	1．介绍课程 2．布置任务——课前调查 3．收集学生实践作业 4．优化估算时间的方法 5．感受1分钟有多长 6．信息交流：1分钟能干什么？ 7．珍惜时间的教育 8．交流：学生每天的作息时间 9．如果放假一天，你如何安排你的一天，填写作息时间表
24点游戏 （5课时）	1．理解24点游戏的规则，掌握24点游戏的运算技巧 2．操作实践算24点的扑克游戏，巩固加强有理数的四则运算 3．寓教于乐，养成创新意识，激发对数学学习的兴趣	1．了解扑克牌的由来及24点游戏的规则 2．尝试自己回家和家人玩 3．两张牌算24点 4．三张牌算24点 5．小任务：回家和家人玩24点，尝试四张牌算24点 6．分享任务收获 7．小组合作探究四张牌算24点游戏 8．汇报交流，挑战有难度的24点 9．四人为一小组，进行24点游戏比赛 10．小感受：写一篇数学日记
1000米有多长？ （5课时）	1．在观察和实践中，发展空间想象能力 2．通过"手拉手""想一想""走一走"等活动，体验1000米有多长 3．感受数学与生活的紧密联系，进一步认识数学的价值	1．操作想象 A．走一走：10米大约要走多少步，需要多少时间，并记录下来； B．猜一猜：100米的距离需要走多少步，需要多少时间，并记录； C．估一估：1000米大约有多少步（学生结合刚才的亲身体验）？ 2．实践体验 A．亲自走一走——不同学生对1000米的体验； B．跑一跑：同一学生对1000米的体验（结合体质测试结果） 3．拓展应用 A．画曲为直——体验1000米的长度； B．各小组汇报实践结果； C．课程总结，自我评价，小组评价； D．写一篇数学小日记《我心目中的千米》

续表

单元主题	目标	组织与实施
玩转周长 （6课时）	1. 通过活动，初步体会由于图形的分割所产生的周长变化 2. 通过活动，初步体会猜想、实验、结论的数学思维过程 3. 通过活动，学生在活动中培养用数学的眼光来思考、分析的能力	1. 拼一拼：用两个长方形拼一拼 A. 有重叠部分的图形； B. 没有重叠的图形； C. 没重叠的图形与重叠图形的形成过程 2. 拼一拼：用三个长方形拼一拼；小结 3. 周长的计算 4. 围一围 A. 围一围，想一想； B. 围一围，找一找 5. 切一切 6. 课外拓展

五、所需条件

多媒体设备、课件、学具、测量器具、操作单、体验单、趣味作业单、实践性作业单等。

案例三 "玩转数学（二）"课程纲要

课程类型：学科课程　**年级**：4年级　**总课时**：10课时
设计者：宋丽　**学校**：山东威海经区实验小学　**日期**：2019年8月

一、背景分析

（一）本学期指向的课程标准

1. "数与代数"领域

（1）数的认识：会运用数描述事物的某些特征，进一步体会数在日常生活中的作用；结合具体情境，理解小数的意义；能比较小数的大小；能借助计算器进行运算，解决简单的实际问题，探索简单的规律。

（2）数的运算：探索并了解运算律（加法的交换律和结合律、乘法的交换律和结合律、乘法对加法的分配律），会应用运算律进行一些简便运算；能分别进行简单的小数加、减、乘、除运算及混合运算（以两步为主，不超过三步）；能解决小数的简单实际问题；经历与他人交流各自算法的过程，并能表达自己的想法；在解决问题的过程中，能选择合适的方法进行估算。

（3）式与方程：能在具体情境中用字母表示数；结合简单的实际情境了解等量关系，并能用字母表示。

2. "图形与几何"领域

图形的认识：通过观察、操作，认识平行四边形、梯形和圆；认识三角形，通过观察、操作，了解三角形两边之和大于第三边、三角形内角和是180°；认识等腰三角形、等边三角形、直角三角形、锐角三角形、钝角三角形；能辨认从不同方向（前面、侧面、上面）看到的物体的形状图。

3. "统计与概率"领域

经历简单的收集、整理、描述和分析数据的过程（可使用计算器）；会根据实际问题设计简单的调查表，能选择适当的方法（如调查、试验、测量）收集数据；体会平均数的作用，能计算平均数，能用自己的语言解释其实际意义；能从报纸杂志、电视等媒体中，有意识地获得一些数据信息，并能读懂简单的统计图表；能解释统计结果，根据结果做出简单的判断和预测，并能进行交流。

4. "综合与实践"领域

经历有目的、有设计、有步骤、有合作的实践活动；结合实际情境，体验发现和提出问题、分析和解决问题的过程；在给定目标下，感受针对具体问题提出设计思路、制定简单的方案解决问题的过程；通过应用和反思，进一步理解所用的知识和方法，了解所学知识之间的联系，获得数学活动经验。

（二）教材分析

四年级数学在整个小学数学学习中有着重要的作用，是在学习了整数及整数四则运算，初步认识了分数和小数、几何图形、简单的统计图表的基础上进行学习的，为进一步学习小数和分数、几何图形、统计等知识打下了基础。

本册教材中，数与代数领域有 6 个单元，包括用字母表示数、乘法运算律、小数的意义和性质、小数的加减法和小数的乘除法，占全册大部分内容；图形与几何领域有多边形的认识和观察物体两个单元；统计与概率领域学习平均数和分段统计，只有 1 个单元，这是运用统计量进行数据分析的开始，为进一步学习统计知识打下了基础；两个独立的综合实践使学生在系统的调查活动中，获得初步的用数学方法研究问题的经验，培养应用意识和数据分析观念。全册教学重点是理解小数四则运算的算理，能正确进行运算；学习的难点是理解用字母表示数的意义和小数乘除法的算理。

1. 数与代数（第二、三、五、七、八、十单元）

第二单元：教学重点是用字母表示数、用字母表示数量关系和计算公式；教学难点是字母表示数的意义。

第三单元：教学重点是探索和理解加法与乘法的运算律；教学难点是乘法分配律的理解和应用。

第五单元：教学重点是理解小数的意义和性质，教学难点是名数的改写和用"四舍五入"求小数近似值。

第七单元：教学重点是理解小数加减法的意义，学会小数加减计算方法；教学难点是灵活计算小数加减混合运算。

第八单元：教学重点是掌握小数乘法计算方法，能正确熟练的计算小数乘法，能运用整数的运算律来进行小数乘法简便计算；教学难点是理解小数乘法的算理。

第十单元：教学重点是掌握小数除法的计算方法和小数四则混合运算中中括号的应用；教学难点是理解除数是小数的小数除法的算理，会根据具体情境求商的近似值。

2. 图形与几何（第四、六单元）

第四单元：教学重点是认识平行四边形、三角形、梯形；教学难点是探索和研究平行四边形和梯形的方法，发展空间观念。

第六单元：教学重点是能够辨认从不同方向看到的一组立体图形的形状图；教学难点是结合观察和操作进行简单的直观推理，展开合理想象，发展空间观念。

3. 统计与概率（第九单元）

第九单元：教学重点是平均数的意义、求平均数的方法和复式分段统计表；教学难点是理解平均数的意义和复式分段统计表。

4. 综合实践

综合运用所学的知识和方法解决简单的实际问题，并能与他人进行合作交流；重视复习整理能力的培养。

综合实践一（图形的密铺）：通过欣赏多边形密铺图案和设计简单的密铺图案，经历欣赏数学美、创造数学美的过程，从而激发学生学习数学的兴趣，享受由美带来的愉悦。

综合实践二（消费知多少）：经历调查、搜集、整理、分析数据的活动过程，形成初步的收集、整理和分析信息的能力，发展统计观念；在分析数据、做出判断的过程中，提高解决问题的能力，体验数学的价值。

（三）学情分析

学生开始有比较强的自行探究的能力，在观察能力、思维能力、语言表达能力方面都有了较好的提高，有着强烈的好奇心与动手操作的能力；喜欢在自己的探索中获取知识，喜欢在玩中学，喜欢在做中学，喜欢在想中学，喜欢在用中学；对周边的事物具有浓厚的兴趣，有着强烈的学习愿望，但不能自觉地从生活中进行学习，也不能很好地把语文知识用于生活中；在学习的方式上，存在着单一式的学习现象，缺乏合作学习的习惯，不能做到与人交流、与人对话；喜欢受到表扬或赞美，喜欢发表自己的见解，有时是很幼稚的见解。

经过三年的学习，学生具备了初步的提出问题和自主探索的能力。随着学生年龄的增长，教师应引导学生逐步掌握一定的探索问题的方法。

知识掌握情况：学生已经学习了整数及整数四则运算，初步认识分数和小数、几何图形、简单的统计图表；通过开学初的摸底交流，发现多数学生对知识的掌握程度较好，但运用知识解决实际问题的能力有待提高。

（四）资源分析

文本资源：课本、教参、助学导航、评价记录表；

信息技术资源：PPT、微课；

社会教育资源：网络；

环境与工具：日常生活熟悉的场景；

生成性资源：师生交互及生生交流过程中产生的新情境、新问题、新思路、新方法、新结果等；

学具准备：计算器，平行四边形、梯形和三角形纸片若干张，小正方体块若干个。

二、课程目标

	知识版块	大观念的学习要求	基本问题
学期大观念	图形与几何	识别形体需多角度观察、发现	如何观察、发现形体的特征
	数与代数	"数"有不同的记录及运算系统	"数"可以怎样被记录
	统计与概率	数据可以用来描述现象	数据能让我们知道什么

续表

具体知能	1. 结合生活中关于大数目的计算实例，初步认识计算器，学会进行一些简单的、必要的计算以及借助计算器探索规律，发展合情推理能力 2. 在具体情境中经历由具体的数过渡到用字母表示数的过程，能用字母表示数、常见的数量关系、公式，体会符号的概括性和简洁性 3. 通过观察、操作等方法从边和角的特点认识平行四边形、梯形、三角形，能用不同的标准对三角形进行分类，体会多边形在生活中的利用的意义；能从不同方向（前面、侧面、上面）辨认看到的物体或一组正方体的形状图；能有条理地思考，能比较清楚地表达自己的思考过程与结果
具体知能	4. 结合具体情境理解小数的意义，会比较小数的大小，知道小数的性质，掌握小数点位置移动引起小数大小变化的规律，能够根据要求改写小数；掌握小数的运算技能；探索并理解运算律，能合理灵活地选择运算方法进行计算，体会数学的价值；养成一丝不苟、严谨求实的科学精神 5. 通过生活实例，理解平均数的意义，学会求平均数的方法，能用自己的语言解释其实际意义；会根据实际问题设计简单的调查表，能选择适当的方法（如调查、试验、测量）收集数据

三、课程评价

（1）指向终结性评价的设计：终结性评价成绩由纸笔测验和数学素养测评组成。

（2）纸笔测验每学期一次，全区统一安排。

（3）数学素养测评：期末安排1次集中素养测评，主要通过解决真实情景中的实际问题进行测评（注：具体测试内容略）。

四、课程内容

序号	学习主题	单元学习内容	课时	内容调整说明	数学思想方法	相对应的重点核心素养
		课程纲要分享课	1			
1	计算器	1. 认识计算器，掌握计算器的操作步骤 2. 用计算器进行大数的计算，用计算器探索规律	1		归纳推理	数学运算
2	用字母表示数	1. 用字母表示数，求代数式的值 2. 用字母表示数量关系 3. 用字母表示公式	1		数形结合 代换思想 函数思想	数学抽象
3	运算律	1. 加法结合律、交换律 2. 乘法结合律、交换律 3. 乘法分配律，用乘法分配律进行简便计算	5		归纳推理 转化思想 模型思想 优化思想	数学建模

续表

序　号	学习主题	单元学习内容	课　时	内容调整说明	数学思想方法	相对应的重点核心素养
4	认识多边形（教材改良单元）	1. 三角形的特性，三角形的认识、分类 2. 三角形三边的关系、三角形的内角和 3. 平行四边形的认识、梯形的认识 4. 平面图形密铺的含义及简单设计	10	合并：将综合实践内容合并	数形结合 模型思想 数学美	直观想象 逻辑推理
5	小数的意义和性质	1．小数的意义，小数的大小比较、性质、化简、改写 2．小数点移动引起小数大小变化的规律及应用 3．小数的名数的改写 4．用"四舍五入法"求小数的近似数；把较大的数改写成用"万"或"亿"为单位的数	10	增加三年级"小数初步认识"的回顾，形成知识衔接	归纳推理 转化思想 数形结合 极限思想	逻辑推理 数学抽象
6	观察物体	能从不同方向（前面、侧面、上面）辨认看到的物体形状图	2		模型思想	直观想象
7	小数的运算（教材改良单元）	1. 小数的加减法 2. 小数的加减混合运算 3. 小数乘整数、小数乘小数 4. 小数混合运算及简算 5. 除数是整数的小数除法 6. 除数是小数的小数除法 7. 有限小数	24	调整、合并	类比推理 转化思想	数学运算
8	平均数	1. 认识平均数 2. 简单求平均数的方法 3. 分段统计表 4. 复式分段统计表 5. 利用统计知识了解消费情况，学会合理消费	5	改编成经验单元	统计思想	数据分析

五、课程实施

学习主题	单元任务简介	活动方式	活动支架
计算器	古树数量统计、石刻数量统计	自学、用计算器独立解决问题	分享、比较
用字母表示数	教室桌椅中的数学、跑操中的数学、公式的奇妙变化	自主探究、小组合作用字母表示数的问题	小组互动、分享、比较

续表

学习主题	单元任务简介	活动方式	活动支架
运算律	购树苗和花苗、购花土和花肥、种植花苗	自主+小组合作探究运算律	小组互动、分享、比较
认识多边形	组装自行车、制作风筝、加工衣架和画架、设计背景墙	自主探究、观察验证、动手操作、小组合作	小组互动、分享、比较
小数的意义和性质	认识不同的蛋：蜂鸟蛋、信天翁蛋、鸟蛋、天鹅蛋、绿毛龟蛋	小组合作、自主探究	小组互动、分享、比较
观察物体	巧搭积木	自主探究、观察操作	小组互动、分享、比较
小数的运算	了解三头克隆牛、帮克隆牛购物	自主探究、小组合作、独立思考	小组互动、分享、比较
平均数	垃圾中的数学	自学、小组合作，先分析问题、确立子问题，再根据能力分工完成大任务	小组互动、分享、比较

案例四 "运算定律"单元教学方案[①]

单元计划封面

单元题目：运算定律	年级：四年级下册
学科：小学数学	期限：两周
单元设计者：罗进	

课程内容（课程内容、教材地位和学习基础）

课程内容：探索并了解运算定律（加法的交换律和结合律、乘法的交换律和结合律、乘法对加法的分配律），会应用运算定律进行一些简便计算（摘自《义务教育数学课程标准（2011修订）》，课程内容P21）。

教材地位：本单元所学习的五条运算定律不仅适用于整数的加法和乘法，也适用于有理数的加法和乘法。随着数的范围的进一步扩展，在实数甚至复数的加法和乘法中，它们仍然成立，因此，这五条运算定律在数学中具有重要的地位和作用，被誉为"数学大厦的基石"，对数学教学也有着重要的意义和作用（参考《教师教学用书（数学四年级下册）》，P44）。

学习基础：认识小括号，能进行简单的整数四则混合运算（两步）；对于数学运算定律，在前面的学习中已经有广泛的接触，特别是对于加法、乘法的可交换性、可结合性已经有充分的认知经验（参考《课程标准（2011修订）》，学段目标P17；《教师教学用书》，P44）。

单元设计状态

☑ 初稿日期　2020年2月26日
☑ 修订日期　2020年4月23日
☑ 同事评论　2020年4月27日
☑ 内容修订　2020年5月03日
☐ 课堂检验
☐ 修改定稿

阶段1——预期结果

所确定的目标：

1. 掌握必要的运算技能，能准确地进行计算；尝试从日常生活中发现并提出问题，并运用一些知识加以解决（摘自《义务教育数学课程标准（2011修订）》，P11-12）
2. 在具体计算和解决简单实际问题中，体会加与减、乘与除的互逆关系（摘自《义务教育数学课程标准（2011修订）》，P21）
3. 能够结合具体情况，灵活选择合理算法，形成数学模型思想

理解大概念：	基本问题：
1. 准确进行计算，合理选择算法	同样的题目，不同的算法，为什么得数相同？
2. 理解运算定律与简便计算的联系与区别	你为什么这样算？你的依据是什么？

知能目标：

1. 提炼和概括整数加法、乘法的运算定律
2. 会运用运算定律进行一些简便计算
3. 结合具体情况，灵活选择合理算法

[①] 本案例系杭二中白马湖学校罗进老师研制。

续表

阶段2——评估证据	
表现性任务： 1．能提炼和概括出加法、乘法的运算定律 2．灵活选择合理算法，进行一些简便计算 3．在解决实际问题时，结合具体数据算式的特点，合理选择算法，使计算变得简捷	其他证据： 1．完成作业本 2．完成一份本单元学习内容的思维导图 3．单元测试

阶段3——学习计划

课时	学习主题	学习目标	学习问题
1	加法交换律和结合律 （例1、例2，教材P17-19）	结合情境图"李叔叔骑车旅行"提出用加法解决的问题，并抓住不同的两个加法算式，计算结果相同，且都能解决问题；引导学生用数学语言表达这种现象，提炼规律。练习中的习题不是为算而算，它们都有着较强的针对性；突出"算"与"思"相结合，体会如何"算"的价值是主要策略	"40+56"和"56+40"的计算结果相同吗？这两个算式解决的是什么问题？ "(88+104)+96"和"88+(104+96)"这两个算式先算哪两个数的和？你为什么这样算？你的依据是什么？
2	加法运算定律的应用 （例3，教材P20）	以李叔叔后四天还要骑多少千米的实际问题情境呈现，重视算法背后的原理理解，体会运算定律的运用价值	你为什么这样算？你的依据是什么？
3	连减的简便计算；连加的巧妙计算 （例4，教材P21-22）	呈现三种运算情况，结合情境说说每种算法的思考过程；突出加、减法运算间的联系，合理选择算法	为什么想到这样算？这样算的依据是什么？
4	加法运算定律练习课	计算技能的形成需要一定量的练习来实现；除了运算定律内涵的理解还需关注基本训练	这样算的依据是什么？
5	乘法的交换律和结合律 （例5、例6，教材P25-26）	利用"同学们植树"的生活化情境提出用乘法计算的问题。 提出要求：用图形、字母或其他符号来表示规律；理解乘法运算定律的内涵，发展数学模型思想	为什么这样算？这样算的依据是什么？
6	乘法的分配律 （例7，教材P27）	通过解决"一共有多少名同学参加了这次植树活动？"这一问题，依据两条思路得到两个算式；引导关注两个算式的形式差异，分析等式"25×(4+2)=25×4+25×2"，根据等式两边的变化过程概括定律	你为什么这样算？说说你的想法
7	乘法运算定律的练习 （教材P28-29）	结合基本练习，进一步理解乘法运算定律的内涵；借助实际生活情境，体会运算定律的运用价值，发展思维能力	你为什么这样算？ 你喜欢哪种算法？为什么？
8	解决问题策略多样化 （例8，教材27）	体会简便计算的关键是根据数据特征找到合理的方法，重视算理支撑，理解规律内涵	你为什么这样算？ 还有别的算法吗？
9	整理与复习	基本练习，关注典型错误，交流不同算法；"算""思"结合，提高解决实际问题的能力；针对性练习，用好乘法分配律的典型几何模型	你这样算的依据是什么？ 通过这个单元的学习，你想说些什么？

 **"A Visit to Shanghai" 单元教学方案**[①]

单元计划封面	
单元题目：A Visit to Shanghai	年级：四年级
学科：英语　单元设计者：沈洁、柯君妹、张安羽	期限：两周
内容标准： 能积极运用所学英语进行表达和交流，能在指定场景下进行简短对话；知道动词在不同情况下会有形式上的变化，具备一定的文化意识，乐于了解不同的文化（根据课程标准与我校使用朗文教材相结合）	
单元内容摘要（包括课程和内容摘要）： 本单元学习的内容：上海的基本信息和著名景点的名称、合理制订旅游计划、用将来时描述未来的计划。在学生了解了上海的基本信息后，学生在扮演少年外交大使的情境中学习上海的景点、活动相关的英文词汇，进一步运用将来时来描述未来的计划，并将所学方法和知识迁移到自己的生活中，为外宾制订自己所在城市的行程和详细安排，并用英文进行相关问答	
阶段一：确定学习目标	
预期的持久性理解是什么	
学生要理解： 1. 在制订行程前需要对一座城市有大致的了解，明确同行人的需求（Q1, Q2） 2. 识别属于将来范畴的情境，并会运用正确的语法知识描述将来的计划（Q3, Q4）	基本问题： 如何用英语安排行程？ 如何用一般将来时介绍行程？
指导单元和聚焦学习的关键是什么	
Q1:上海有哪些景点？可以进行什么活动？ Q2:安排外宾去景点游玩，需要根据哪些方面来决定目的地？ Q3:如何用英文描述一份计划？ Q4:如何用英文讨论将来的事？	
学生需要掌握的先决知识和技能是什么	
1. 学生能识别表达将来的语境，会运用一般将来时表述去哪里、做什么 2. 学生会用 What 来引导特殊疑问句 3. 学生理解、会使用表达顺序的连词 4. 学生理解、会使用表达时间的名词短语（年、月、周、日，没有具体到某个时间点）	
学生要求在本单元学习掌握的知识和技能是什么	
1. 学生对上海的景点有初步的了解，知道其英文名称、大致位置，能用英文描述在相应的景点内可以进行的活动（Q1） 2. 学生能综合考虑目的地的类型（文化、美食、科技等）、外宾的喜好、目的地的地理位置以合理规划一天的行程和详细的活动（Q2） 3. 学生能运用一般将来时描述一天的活动计划（Q3） 4. 学生能用英文表达具体的时间点：quarter past/to…, half past/to…（Q3, Q4） 5. 学生能用特殊疑问句和一般疑问句询问将来的事：What will we…? Will we…（Q4） 6. 建立用英文交流介绍的信心，尊重不同文化，欣赏文化遗产，能与同伴协作（Q1, Q2, Q3, Q4）	

[①] 本案例系杭二中白马湖学校沈洁、柯君妹、张安羽三位老师研制。

续表

阶段二：设计评价活动

学生对各项目标完成情况和程度从高到低进行等级评价

评价内容	评价等级
了解上海： 学生能用英语描述上海的景点名称及相关活动	A. 学生能借助图片说出上海各大著名景点的英文名称和相关活动，能表达自己的喜好及原因，并能结合生活对其中一个景点进行详细介绍 B. 学生能借助图片说出上海各大著名景点的英文名称和相关活动，并能表达自己的喜好及原因 C. 学生能借助图片和关键词说出上海各大著名景点的英文名称和相关活动
安排行程： 学生能规划游览上海的短期行程，并能用一般将来时进行描述	A. 学生能规划不同主题的行程，简单阐述理由，并推荐给具有不同需求的人 B. 学生能简单规划行程，包括时间、地点和相关活动 C. 学生能简单规划行程，包括时间和地点
热爱上海： 学生能用英文表达对上海的喜爱	A. 学生能表达对上海的喜爱并阐述理由，能向上海市市长写一封关于上海发展的建议信 B. 学生能表达对上海的喜爱并简单阐述理由 C. 学生能用简单的陈述句表达对上海的喜爱

其他证据

1. 完成朗文练习册
2. 完成一份英语版上海三天旅行指南
3. 完成一篇上海旅游主题的英文日记

学生自我评估

1. 检测英文版上海三天旅行指南的可行性及句子的英文表达是否合适
2. 自我检测对于上海的了解，用英文列出著名景点、可以做的事情，检测掌握的词语数量
3. 对于自己扮演的少年外交大使的满意程度

阶段三：制订学习计划

课 题	学 习 问 题	学 习 活 动
Know more about Shanghai （两课时）	你是上海的少年外交大使，你要安排英国交换生来上海旅游并列出详细计划，你需要储备以下知识： 1. 用英语说说上海有哪些著名景点 2. 用英语说说在上海的这些著名景点中，人们可以做哪些事情 3. 用英语说说如果你有机会去上海，你最想去哪里？为什么？	1. 观看关于上海的英文介绍视频 2. 组织"上海自由行"：先布置教室，过道为黄浦江，根据大致位置，选几张桌子为具体的景点，在桌子上贴上景点名，放一些图片和简单文字介绍（提前布置好） 3. 让学生组队去"自由行"，过程中可做一些笔记；用英文交流，如 What's this place? What can we do? 4. 老师展示上海地图，让学生用英语完成地图的标注
A visit to Shanghai （两课时）	1. 请你用英语设计一份上海游玩计划，并说说你为什么这么设计 2. 你作为上海的少年外交大使，要带领英国交换生游览上海并制订详细计划，包括时间、地点、行程等，这样设计合理吗？理由是什么？	分组设计带领英国交换生游览上海的计划，并说说这样设计的理由

续表

	阶段三：制订学习计划	
课　题	学　习　问　题	学　习　活　动
We love Shanghai（两课时）	1．用英语表达上海在你眼里是一座怎样的城市，你为什么爱上海 2．用英语写一篇你带领英国交换生游览上海的日记 3．你想尽自己的一分力量让上海变得更加美丽、时尚、宜居，请用英文写一封建议书给上海市市长	组长分享日记和建议书，其他组员提出修改意见

案例六 "万以内数的认识"单元教学方案[①]

一、课程标准及分析

课程标准：在现实情境中理解万以内数的意义，能认、读、写万以内的数，能用数表示物体的个数或事物的顺序和位置；能说出各数位的名称，理解各数位上的数字表示的意义；知道用算盘可以表示多位数；理解符号"＜""＝""＞"的含义，能用符号和词语描述万以内数的大小；在生活情境中感受大数的意义并能进行估计。

课标解读：本单元主要围绕万以内数的认识来学习，要求会数万以内的数，探索万以内的数的读法、写法及数的组成，初步了解数位顺序表及体会相邻两个计数单位之间的进率，能比较万以内数的大小，认识近似数并能结合实际进行估计，掌握整百、整千数的加减法。

二、教材及学情分析

本单元为"万以内数的认识"，学生在学习本单元之前已认识100以内的数并对两位数的数位也有所了解。本单元将认数的范围从两位数扩展到四位数，主要内容包括数数、读数、写数、数的组成、数位的含义、数的顺序和大小比较、近似数以及整百、整千数的加减法。万以内数的读写是进一步学习万以上数的读写的基础。认识更大的自然数不仅是学生学习大数计算的基础，而且其在日常生活中也有着广泛的应用。

三、单元目标及学科核心素养

（一）单元目标

（1）经历数数的过程，能在现实情境中感受大数的意义，会用万以内的数表示日常生活中的事物，能进行简单的估计。

（2）理解各数位上的数字表示的意义，知道数的组成，会比较数的大小。

（3）掌握万以内数的顺序，能够正确地认、读、写万以内的数。

（4）能进行整百、整千数加、减法的口算，会在实际情境中选择恰当的方法进行简单的估算，体会估算在生活中的作用。

（二）学科核心素养

学科核心素养：数感、运算能力。

[①] 本案例系温州市上陡门小学二年级数学备课组研制。

四、实施与评价

课时目标	课时主题	主要活动与评价设计
1. 经历数数的过程，能在现实情境中感受大数的意义 2. 能够正确地认、读、写万以内的数 3. 理解各数位上的数字表示的意义并知道这些数是由几个千、几个百、几个十和几个一组成的；会在算盘上表示出万以内的数（7课时）	千以内数的组成	1. 任务：（1）小组合作数数，从986到1000，理解999再拨1是1000；（2）借助计数器边拨边数；（3）在数数的过程中理解10个100是1000。（4）通过估一估的方法，感受1000的量感 2. 讨论：在计数器上拨出456，并说一说它的组成，认识新的计数单位"百""千"；在读写中间有0或末尾有0的数时，你要提醒大家注意什么？ 3. 任务：能够说出算盘各部分的名称，学会利用算盘数数和记数，并能够通过看数在算盘上拨出对应的数
	万以内数的组成	1. 任务：（1）数数（万以内）；（2）找出你认为最难数的地方，并思考怎么解决难题；（3）在数数的过程中理解10个1000是10 000 2. 讨论：读数、写数从什么数位开始？含有0的数又该如何读和写？你有什么要提醒大家的？ 3. 讨论如何在计数器、数位表上表示10000以内的数：（1）不带0的三位数：在计数器上表示235、222（两个珠子所在的数位不同，它所表示的意思也不同）；（2）中间带0的三或四位数；（3）末尾带0的三或四位数
4. 掌握万以内数的顺序，会比较万以内数的大小，能用符号和词语描述万以内数的大小 5. 会用万以内的数表示日常生活中的事物，能进行简单的估计（2课时）	万以内数的比较	讨论：通过比数游戏思考怎么比较万以内数的大小，说一说你是如何比较的，如何用符号表示几个数的大小关系（一个数的近似数不唯一，根据情况可以往大估，也可以往小估。一般情况下，选择最接近的整十、整百、整千数，方便记忆）
6. 能进行整百、整千数加、减法的口算，会在实际情境中选择恰当的方法进行简单的估算，体会估算在生活中的作用（3课时）	整百、整千数的加减运算	任务一：试着算一算"1000+2000"并和组内同学说说你是如何计算的。你可以利用画图或文字的方法进行描述吗（数的组成或旧知识的合理迁移）？学生进行自评，小组之间进行互评，教师提问与讲解 任务二：知道电话机和电吹风的价格，思考500元够不够买这两件商品；组内讨论，教师在学生完成后指导学生，突出估算在实际生活中对于解决问题的作用

注：单元测试与反馈（2节课）

五、课程资源

新人教版《数学（二年级下）》、多媒体课件、计数器等学具。

案例七 "将相和"教案[1]

（第一课时，共2课时）

一、课标分析

《语文课程标准》要求在课程内容上注重密切联系学生的生活现实，因为生活即语文，语文即生活，真正实现"教材生活化，生活教材化，从生活中来，到生活中去"的教育目标。因而拓展课程时空，让学习不再局限于一堂课所学的内容，使学生的课堂学习与阅读实践紧密联系起来，课内与课外互为补充。课标中对于第三学段的阅读要求是"默读有一定的速度，默读一般读物每分钟不少于300字，在交流和讨论中，敢于提出自己的看法，做出自己的判断"，故在《将相和》的教学中运用各种速读的方法提高默读速度，并要求将这些方法运用到今后的课外阅读中去，既灵活运用课文所学的知识，又能让语文更加贴近生活。

《语文课程标准》提到：语文课程具有的丰富人文内涵对学生的精神领域有深远的影响，小学生往往对语文材料有多元的反应，所以教师在教学过程中要重视语文的熏陶、感染作用，要重视教学内容的价值取向。在《将相和》的教学中，用资料袋的形式展示课文的背景材料，以《史记》在描写人物上的特点为切入点，引出对蔺相如性格特点的分析；又以对文中的人物的特点的总结，以点窥面，使学生感受《史记》就是这样成功地描写了众多有血有肉、性格鲜明的人物。《语文课程标准》还指出：教师要发挥创造性，针对教材的实际和学生的年龄特征，采用灵活多样的教学方式，拓展语文学习的渠道。《将相和》教学打破了"教师讲问、学生听答"的常规教法，它以教师为主导，以学生为主体，调动了学生参与语文实践活动的积极性；运用小组合作探究的学习形式和自评、互评、师评多种评价方式，使学生真正成为课堂的主人，投入学习活动中去，以提高学习效率。

二、教材分析

阅读时，要学会提高阅读速度的方法。这是本单元的语文要素，旨在帮助学生提高阅读速度、培养阅读兴趣、提高阅读效率。通过对本单元《搭石》《什么比猎豹的速度更快》等课文的学习，学生已习得一些速读的方法，如要集中注意力，遇到不懂的词不要停下来、不要回读，要抓关键词句等。本课教学时，重在鼓励学生尽量连词成句地读。《史记》用为人物写传的形式来反映历史，成功地描写了众多有血有肉、性格鲜明的人物，本文就是

---

[1] 本案例系温州市墨池小学徐思斯老师研制。

根据《史记·廉颇蔺相如列传》改编的，所以，本课的教学重在让学生抓住人物描写、结合故事情节去体悟人物的性格特点。

三、学情分析

　　五年级学生已经有一定的阅读基础，但是阅读速度参差不齐，阅读速度低将影响学生的阅读效率。教师需要引导学生学习快速阅读的方法，并要求学生把这种方法运用到平时的阅读中，进一步提高阅读速度。

四、教学目标

　　(1) 通过检查预习，巩固识记"瑟""缶""卿"等生字，能掌握"臣""典""献""荆"等易错字的书写并做到工整准确，通过联系上下文理解词义的方法，读准带有多音字的"强逼""划归"等词语。

　　(2) 能运用"抓关键词"等已习得的速读方法，初步学会"连词成句"的新的速读方法，提高默读速度。

　　(3) 通过合作学习走进人物和故事，学习课文中描写人物特点的方法，借助表现性评价的表格体会蔺相如的性格特点和人物形象。

五、评价设计

　　任务一：通过预习反馈，落实字词，学生利用评价表（见板块一）进行互评。
　　任务二：用速读方法默读全文，完成课堂作业本第 4 题并校对练习。
　　任务三：完成合作学习任务单的"任务二"，合作学习并回答"蔺相如是真撞还是假撞？""你觉得蔺相如是一个怎样的人？"（见板块三）。

六、教学重、难点

　　(1) 能运用速读方法提高默读速度。
　　(2) 合作学习，走进人物和故事，学习课文中描写人物特点的方法，体会蔺相如的性格特点和人物形象，并通过多样的评价策略提高自主学习和合作学习的效率。

七、教学过程

　　板块一：预习反馈，落实字词。

　　(1) 反馈预习情况，完成学习任务单中的"任务一"：教师听写词语（大臣、献上、荆条、典礼），同桌之间根据总体书写评价单（见下表）进行互评。

评价标准：					
全部正确且书写规范工整 ☆☆☆					
全部正确，但书写不够规范工整 ☆☆					
有错误请帮一帮他，订正正确后 ☆					
他评： 得到了（　　）颗星					

（2）教师范写两个易错字："献"和"荆"，学生在课堂作业本上再做书写巩固。

（3）屏幕依次展示三组词语，学生利用图片理解词义：读第一组词语（鼓瑟、击缶、上卿）；利用联系上下文理解词义的方法读第二组词语（强逼、划归、削弱）；利用偏旁与字义的关系记住易错字"璧"，认读第三组词语（完璧归赵、渑池会面、负荆请罪）。

板块二：连词成句，加速阅读。

（1）导入新课《将相和》，读课题。

（2）指明本单元学习要求，回顾已习得的速读方法，引出新的速读方法——连词成句地读。

（3）跟随速读小贴士，从"一目一短语"到"一目一句"地默读，体会"连词成句"的速读方法。

（4）用上这种速读方法完成速读练习（"蔺相如反复思量，觉得秦王还是不会信守承诺……我知道欺骗了您是死罪，您可以杀了我，但请好好考虑我的话。"）；同桌交流一眼能看到的尽可能多的内容，并完成速读学习任务（蔺相如保护和氏璧的方法是什么？蔺相如答应换璧的条件是什么？）。

（5）任何方法都是在不断实践中做到熟能生巧的，从句到段、到篇章，再到今后的课外阅读，我们都要不断地巩固和强化；用上速读方法默读全文，完成课堂作业本第4题并校对练习。

板块三：合作互评，走进人物。

（1）展示资料袋（课文根据《史记·廉颇蔺相如列传》改编。《史记》用为人物写传的形式来反映历史，成功地描写了众多有血有肉、性格鲜明的人物……作者是汉代的司马迁）。本课是根据《史记·廉颇蔺相如列传》改编的，看资料袋说说《史记》在描写人物上有什么特点；让我们走进这个有血有肉的历史人物——蔺相如。

（2）听故事《完璧归赵》，快速找到接下去的故事情节所在的段落并读一读。

(3) 展示段落:"蔺相如捧着璧,往后退了几步,靠着柱子站定……我的脑袋就和璧一起撞碎在这柱子上!"(其中动词标红),你们读到这个部分了吗?有什么发现?你能想象画面或动作再来读一读吗?

(4) 提出问题:此时,蔺相如是真撞还是假撞?指明小组合作学习要求。

思考:此时,蔺相如是真撞还是假撞?
要求:
1. 自学"完璧归赵"段落,一边默读一边画出依据
2. 小组内交流,相互倾听,填写合作学习单
3. 小组派代表进行反馈
反馈:
我们认为是_____,我们是从_____看出来的(我们的依据是_____)
师评:
我们是( )星合作学习小组
会独立思考学习得☆ 会参与交流讨论得☆ 会反馈表达得☆

(5) 完成小组合作学习任务并交流反馈:经过小组讨论,我们认为是_____,我们的依据是_____;师评价。

(6) 刚才我们走进了故事,了解了人物,现在,你觉得蔺相如是一个怎样的人?

(7) 完成学习单任务二,将想法说给自己的同桌听一听,并根据评价标准给同桌做出评价。

思考:
你觉得蔺相如是一个怎样的人?
评价标准:
能用几个词去概括人物的性格特点 ☆
能从文中找到依据去说明人物的性格特点 ☆☆
能用关联词把人物的性格特点表述清楚 ☆☆☆
他评:
得到了( )颗星

案例八 "金属的化学性质"第二课时教案[①]

一、课标/学情/教材分析

（略）

二、学习目标

（1）通过实验探究，能说出常见金属的化学性质，能用方程式表示化学变化。

（2）通过归纳梳理，能意识到金属的化学性质有共性和差异性，并能从微观角度进行解释。

（3）能运用金属活动性顺序解决实际问题。

三、表现性评价

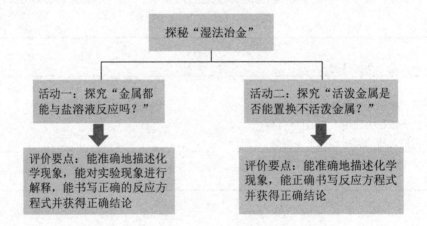

四、教学过程

教学环节	学生活动	教师指导
情境导入	古书记载：曾青得铁则化为铜，意思是铁与铜盐反应能制得铜。质疑：金属都能与盐溶液反应生成另一种金属吗	

[①] 本案例系山东省威海经济技术开发区教育教学研究中心化学教研员丛萍老师、山东省威海经济技术开发区新都中学化学教师赵方老师研制。

续表

教学环节	学生活动	教师指导
活动一：探究"金属都能与盐溶液反应吗？"	任务一：分组实验，探究"金属与盐溶液反应的变化"。 （1）活动时间：15分钟； （2）分组实验：根据提供的3种金属、3种盐溶液进行实验，认真观察实验现象并记录在学历案上，在学历案上书写涉及的反应方程式； 实验用品：金属片——铜板、铝板、铁板；盐溶液——硫酸铝溶液、硝酸银溶液、硫酸铜溶液； （3）交流表达：全班交流实验现象、方程式及结论； （4）生成问题：铝能从铜的盐溶液中置换得到铜，铜却不能从铝的盐溶液中置换得到铝，为什么	1. 提出任务，出示活动要求，组织学生进行分组实验 2. 教师巡视，收集信息，评价学情，同时指导学生规范操作 3. 在全班共享环节，将有代表性的思路与见解展示出来，引导学生全面分析金属与盐溶液的反应现象，推测产物，指导学生书写正确的反应方程式
活动二：探究"活泼金属真能置换不活泼金属？"	任务二：分组实验，探究铝、铁、铜的化学性质。 （1）活动时间：15分钟； （2）依据金属与酸的反应设计实验，比较铝、铁、铜的化学性质，交流并完善实验方案； （3）分组实验：依据实验方案进行分组实验，认真观察实验现象并记录在学历案上，在学历案上书写涉及的反应方程式； 实验用品：金属片——铜板、铝板、铁板；酸溶液：20%稀盐酸； （4）交流表达：全班交流实验现象、结论及化学反应方程式； （5）生成问题：金属化学性质具有共性、差异性的原因是什么	1. 提出问题，组织学生在学历案上设计实验；巡视指导，收集学情，在交流环节，呈现有代表性的实验设计，引导学生全面分析、总结金属与酸反应的影响因素，组织学生优化实验设计方案 2. 出示小组活动要求，组织学生进行分组实验；教师巡视，收集信息，评价学情，同时指导学生规范操作 3. 在全班共享环节，将有代表性的思路与见解展示出来，对比铝、铁、铜的活动性顺序，并指导学生书写正确的反应方程式
活动三：微观探秘	（1）依据原子结构示意图解释金属化学性质具有共性和差异性的原因； （2）完成评价习题； （3）对照目标自评学习效果	1. 提升构成决定性质的观念 2. 通过问题评价学生目标的达成度

五、附件：学习目标制定过程

1. 依据学习内容选择单元目标

依据单元整体规划，本课时内容隶属于第二课时"金属从哪里来"，内容包括探究湿法冶金的奥秘——金属是否都可以通过与盐溶液反应制取、探究金属与盐的反应规律、认识金属活动性顺序，这些内容指向单元目标3。

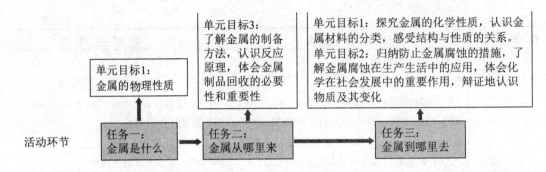

2. 依据内容对单元目标进行删减

由于本课时内容主要探究金属与酸、盐的反应，所以删除单元目标中与本课时无关的行为表现，即把"了解金属的制备方法，认识反应原理，体会金属制品回收的必须性和重要性"中的"体会金属制品回收的必须性和重要性"删除。

3. 依据课程标准明确行为程度

课程标准中对金属化学性质的要求为：认识常见金属的主要化学性质，能用金属活动性解释生活中常见的现象。依据课程标准附录中对有关行为动词的分类，"认识"属于认知性学习目标水平的中间层次，我们需要为行为表现匹配可测、可评的行为动词。学生在探究过程中依据观察到的现象推测金属能发生的变化（即金属的化学性质），所以对反应现象的要求为"能描述"，对化学性质的要求为"能表示"。课程标准中对于金属活动性的要求为"解释"，属于认知性学习目标水平的最高层次。结合威海学业考试说明，对"金属活动性"要求确定为"从微观视角进行解释"，确定如下图所示的行为表现及对应的行为程度（粗线表示不考虑的非认知目标）。

了解金属的制备方法，认识反应原理，~~体会金属制品回收的必要性和重要性~~

说出 金属化学性质　　微观 解释 金属活动性顺序
能表示 化学变化

4. 分析学情，确定行为条件

一方面，学生已经学习了酸的化学性质，已熟知某些活泼金属能与酸反应，但不确定不同金属与酸反应的剧烈程度，这需要通过实验探究，依据实验现象确定；另一方面，对于金属与盐溶液的反应，学生既无生活经验，又无学习经历，所以金属能否与盐溶液反应以及有何规律等知识需要通过实验探究发现、建构。学生在实验探究的基础上将初步形成对金属活动性顺序的认识，下一环节需要对初步认识进行归纳梳理，使学生意识到金属的化学性质既具有共性，又具有差异性，所以第二环节的行为条件确定为"归纳梳理"。

5. 叙写课时目标

按照上述四个步骤的分析，最终确定本课时的学习目标如下。

（1）通过实验探究，能说出常见金属的化学性质，能用方程式表示化学变化。

（2）通过归纳梳理，能意识到金属的化学性质有共性和差异性并能从微观角度进行解释。

（3）能运用金属活动性顺序解决实际问题。